LAKE VILLA DISTRICT LIBRARY
(847) 356-7711 www.lvdl.org

3 1981 00605 5432

D1565079

DISFRUTA COMO NUNCA DE LA COCINA 100% VEGETAL

2ª
EDICIÓN

RECETAS
VEGANAS
FÁCILES

La Gloria
vegana
COCINA 100% VEGETAL

GLORIA CARRIÓN
AUTORA DEL EXITOSO BLOG *LA GLORIA VEGANA*

LAKE VILLA DISTRICT LIBRARY
847.356.7711 www.lvdl.org

© Gloria Carrión, 2018
© Arcopress, S.L., 2018

Primera edición: septiembre de 2018
Primera reimpresión: octubre de 2018

Reservados todos los derechos. «No está permitida la reproducción total o parcial de este libro, ni su tratamiento informático, ni la transmisión de ninguna forma o por cualquier medio, ya sea mecánico, electrónico, por fotocopia, por registro u otros métodos, sin el permiso previo y por escrito de los titulares del *copyright*».

Editorial Arcopress · Cocina, Dietética y Nutrición
Directora editorial: Isabel Blasco
Diseño y maquetación: Teresa Sánchez-Ocaña
Fotografías (excepto recetas básicas): © Gloria Carrión
Fotografía de la autora: © Inés Montufo

Imprime: Gráficas La Paz
ISBN: 978-84-17057-50-3
Depósito Legal: CO-1275-2018
Hecho e impreso en España - *Made and printed in Spain*

A mi marido y a mi hijo,
porque son el centro de mi universo
y mi equilibrio perfecto.

A mi abuelo Antonio, porque fue
el culpable de mi amor por la cocina.

Este libro es vuestro.

ÍNDICE

RECETAS BÁSICAS (VIENE BIEN TENERLAS A MANO)

PRÓLOGO
De Cristina Rodrigo

Sin mujeres como Gloria, probablemente, nunca hubiera sido vegana. Sin mujeres como ella, probablemente, nunca me hubiera animado a adoptar una alimentación 100% vegetal. Porque hace seis años, cuando abrí mi cuenta de Instagram, fueron mujeres como ella las que me enseñaron que era posible hacer repostería vegana.

Dos años antes había dejado de comer animales e, incluso, había dicho adiós a los lácteos. Pero entonces la alimentación *plantbased* en España no era ni remotamente tan popular como ahora. No teníamos tanta información, y los productos 100% vegetales eran algo caro y difícil de encontrar. Y yo, que siempre he sido muy golosa, pensaba que dejar de comer huevos significaba decir adiós a los bizcochos, *cookies*, magdalenas, *muffins* y todos aquellos caprichos que me tanto gustaban. Fueron un par de mujeres maravillosas que vivían en EE. UU., y con las que contacté gracias a Instagram, quienes, además de facilitarme la transición gracias a sus recetas, me brindaron su apoyo, convirtiéndose en mi pequeña comunidad vegana.

Fue este sentimiento de comunidad el que me llevó a crear poco después la cuenta de Instagram @vegansofspain. El objetivo era establecer un punto de encuentro de veganos y veganas en España, que se convirtiera en apoyo para quienes querían adoptar una alimentación vegetal. Sentía que en España hacía falta una forma de difusión del veganismo más amable, basada en mostrar, a través de recetas 100% vegetales, que se puede construir un mundo mejor desde el fondo de nuestros platos.

Dos años después de inaugurar la cuenta, mi amiga Lili se unió al proyecto y Vegans of Spain cobró vida, empezándose a crear esa comunidad que ansiaba. Así llegó Gloria a mi vida, aunque entonces ella era para mí @lagloriavegana. ¡Qué maravilla toparme con su cuenta! Ella encarnaba perfectamente el concepto de promoción del veganismo a través de la comida. Por eso, se convirtió desde el primer momento en una fuente de inspiración de comida vegetal sencilla, sana y sabrosa.

Gloria es un ejemplo de cómo las redes sociales han resultado clave en la popularización del veganismo. «Cada vez más personas se están volviendo veganas gracias a Instagram», afirmaba el diario británico *The Guardian* en un artículo de 2016.

La popularidad del veganismo se ha visto también reflejada en las búsquedas en Internet. Según las estadísticas del buscador Google, la popularidad del término ha pasado de ser de 17 sobre 100 en 2008 a 88 sobre 100 en 2018.

¿Cómo es posible que las redes contribuyan tanto en la difusión del veganismo? Más allá de que en Instagram el veganismo aparezca como un estilo de vida de lo más apetecible, al que incluso se suman cada vez más celebridades, las redes sociales consiguen democratizar el acceso a toda la información.

Gracias a las redes, los horrores que esconde la hermética industria ganadera llegan a millones de personas. Las investigaciones encubiertas, que antes solo aparecían esporádicamente en algún medio de comunicación, ahora consiguen hacerse virales. Nos acercan la realidad oculta de unas de las víctimas de nuestro modelo alimentario: los animales considerados de granja.

Pero las redes no son solo poderosas a la hora de acercarnos las terribles condiciones en las que malviven los animales en las granjas. También son capaces de mostrarnos la cara más desconocida de esos animales que consideramos de consumo. Se viralizan vídeos en los que cerdos, vacas, ovejas, cabras... aparecen jugando, disfrutando de unas caricias, durmiendo plácidamente, mostrando sus habilidades e inteligencia. Vídeos que nos ayudan a individualizar a los animales que comemos, a dejar de ver un filete para ver al ternerito del que procede ese filete.

Igualmente, las redes no solo nos conectan con los animales. También nos ayudan a conocer el impacto que el modelo alimentario actual tiene en el planeta. Un reciente estudio de la Universidad de Oxford afirma que la proteína animal no es sostenible. La producción de alimentos de origen animal emite el 60% de los gases de efecto invernadero relacionados con la agricultura y requiere el 83% de la superficie cultivada del planeta, pero solo produce el 18% de las calorías y el 37% de las proteínas de la alimentación humana.

El mismo estudio sostiene que, sin el consumo de carne y lácteos, se podría reducir hasta en un 75% las tierras de cultivo. Un cambio que no solo sería favorable para las especies que actualmente se ven en peligro de extinción por la pérdida de sus hábitats, sino también para un mejor reparto de los recursos entre las personas. Porque, según datos de la organización Justicia Alimentaria, debido al acaparamiento de las tierras de cultivo por parte de las principales industrias alimentarias, países como Paraguay están destinando el 95% de sus tierras al cultivo de grano para el ganado, dejando un porcentaje muy pequeño para la alimentación local.

Es evidente que el modelo alimentario actual es insostenible y supone un enorme gasto de recursos. Y nosotros tenemos la capacidad de cambiarlo. Cada vez que comemos, podemos optar por alternativas vegetales más respetuosas con el medio ambiente, los animales, las personas y nuestra salud.

Recetas veganas fáciles es el libro que te ayudará a optar por esas alternativas más respetuosas mientras te das cuenta de que, por suerte, una dieta de origen vegetal es mucho más variada que comer lechuga. La cantidad de recetas deliciosas que aprenderás a preparar con legumbres, cereales, verduras... eliminará cualquier prejuicio que tengas sobre la alimentación vegana.

¡Te (re)descubrirán el mundo de la alimentación vegetal! Puedes elegir entre escoger solo una de sus recetas para hacer una comida al día 100% vegetal, hasta planificar todo tu menú semanal vegano gracias a su *batchcooking*.

Gracias a sus sencillas y sabrosas recetas, Gloria también conseguirá llegar a tu corazón. Te ayudará a descubrir lo sabroso que es crear un mundo mejor desde tu plato. Porque, cada vez que comes, tienes la opción de defender aquellos valores en los que crees. ¡¡Que aproveche!!

Cristina Rodrigo

Mánager de Proyectos y Comunicación de *ProVeg
España* y Fundadora de *Vegans of Spain*

INTRODUCCIÓN
Mi breve historia con la cocina

¡Qué orgulloso estaría mi abuelo si supiera que su nieta, la cocinillas, la que heredó su gusto por la cocina, ha publicado un libro de recetas! Si me preguntas cuál es la primera imagen que se me viene a la cabeza cuando recuerdo a mi abuelo, sin pestañear te digo que es la de él en su cocina, con el delantal puesto y haciendo su mítico cuscús.

Crecer al lado de un gran cocinero fue una gran suerte para mí ya que tuve la oportunidad de aprender muchas técnicas y trucos de cocina, muy caseros, todo hay que decirlo, pero al fin y al cabo igual de válidos que los más vanguardistas. Si a esto le sumas un amor incondicional por la comida y una creatividad sin fin, tenemos el cóctel perfecto para continuar con la estela «cocinitas».

Aún tengo guardado mi bloc (que no mi blog) de notas, forrado con recortes de fotos de recetas que sacaba de las revistas de mi madre. Dentro tenía las separaciones de rigor: primeros, segundos y postres, y en cada apartado unas cuantas de recetas que iba versionando de las que encontraba en los libros de cocina que había en casa. Recuerdo como si fuera ayer aquel día en que conseguí que mi abuelo me soltara la receta del cuscús con pelos y señales. Sigue archivada en mi bloc y, por supuesto, su versión vegana está en mi blog.

Hace unos cinco años decidí que era hora de cambiar mi alimentación: reducir mi consumo de productos de origen animal y aumentar el de otro tipo de alimentos sobre los que empezaba a leer cosas muy interesantes en revistas y blogs (quinoa, trigo sarraceno, tofu...). Tal fue mi sorpresa al probarlos, que empecé a cocinarlos cada vez con más frecuencia, desplazando por completo en unos meses mi consumo de alimentos de origen animal.

Estos «nuevos» alimentos volvieron a despertar en mí las ganas de cocinar y de crear platos llenos de color, sabor y, sobre todo, llenos de nutrientes. Se abrió ante mí un nuevo reto: cocinar alimentos totalmente desconocidos, y conseguir conquistar el estómago de los que me rodeaban en ese momento. Y así fue, fui enamorando estómagos y a la vez fui colándome en hogares de familias desconocidas a través de las fotos que empezaba a compartir en Instagram. No tardé mucho en crear mi propia web de recetas.

Sinceramente, este cambio en nuestra alimentación (y digo «nuestra» porque arrastré casi al 100% a mi marido) supuso notables beneficios físicos, y consecuentemente psíquicos, en nosotros. Desde la desaparición del insomnio en Xavi, hasta la mejora de mis problemas de acidez; pasando por la sensación permanente de estar llenos de energía. De hecho, pasamos por una etapa de tres años durante la cual estuvimos practicando deporte de forma diaria y a un nivel bastante alto. Creo que nunca me he sentido físicamente tan bien.

Siempre he cuidado que mis platos fuesen equilibrados incluyendo en ellos una buena ración de verduras cocinadas y/o crudas, proteínas vegetales de buena calidad (legumbres, semillas, frutos secos, tofu, seitán...) y carbohidratos complejos (cereales integrales, patatas, pastas integrales...). Con este tipo de alimentación y con la correspondiente dosis semanal de vitamina B12, mi cuerpo y mi mente han funcionado a la perfección desde que me hice vegana; y eso que he pasado por un embarazo, por un postparto y por un periodo de lactancia de más de 18 meses.

Cómo nos cuidamos en casa

• BABY LED WEANING

En nuestra cocina no suelen entrar alimentos ultraprocesados, y si lo hacen, es de forma muy esporádica. Me gusta cocinar los alimentos en su estado más real y crear yo misma las combinaciones, los nuevos sabores, las nuevas texturas...

Desde que mi hijo empezó a comer alimentos sólidos a los seis meses de edad, hemos cuidado mucho el ofrecerle comida de verdad, es decir, el alimento en la forma más real posible. Nada de purés en los que al final te pierdes de la enorme cantidad ingredientes que llevan, sino comida como la que su padre y yo comíamos (adaptada a él al principio, pero asemejándola a la nuestra poco a poco). Este método es el conocido como Baby Led Weaning (BLW)[1], que consiste en ofrecer al bebé desde los seis meses alimentos enteros, en lugar de triturados, con el tamaño y forma adecuadas para que sea el propio bebé el que los coja con sus manos y se lo lleve a la boca en función de su apetito y preferencias. El BLW aporta al bebé los siguientes beneficios:

• Hábitos de alimentación más saludables respetando las señales de su cuerpo como son el hambre y la saciedad. Las madres que seguimos el BLW vivimos la alimentación de una forma más relajada, sin forzar a nuestros hijos a comer. Los bebés desde temprana edad prueban distintos sabores y texturas, lo que parece estar relacionado con una alimentación más saludable y variada en su futuro.

• Promoción de la lactancia materna, puesto que los bebés seguirán enganchándose al pecho de su madre cuándo y cuánto quieran, siguiendo la filosofía de respetar sus señales de hambre, sed y, por supuesto, saciedad. Se trata de realizar una alimentación activa, donde es el propio bebé el que regula su apetito, y no la alimentación pasiva de las papillas, cucharas y biberones. El BLW se puede realizar en niños no amamantados de igual modo; la leche artificial no es excluyente en ningún caso.

---

1   Información extraída del blog de www.luciamipediatra.com

• Promueve y estimula el desarrollo psicomotor del niño favoreciendo la prensión manual al agarrar los trozos de comida y la realización de la pinza en torno a los nueve meses. Del mismo modo mejora la coordinación óculo-manual, la masticación...

• Mejora la transición a la alimentación sólida puesto que desde los 6-7 meses ha empezado a trabajar la masticación con alimentos de distintos sabores y texturas.

Nosotros estamos teniendo una experiencia muy positiva con este método, ya que Álvaro come desde brócoli hervido hasta tofu marinado, pasando por los guisos de legumbres, estofados o salteados arroz, entre otras muchas cosas.

Eso sí, antes de empezar a practicarlo leí y me informé mucho acerca del método ya que requiere de una preparación previa tanto a nivel práctico como en el terreno emocional. Os recomiendo el libro *El niño ya come solo*, de Gill Rapley y Tracey Murkett.

• BATCH COOKING

Otro de los métodos que practicamos en casa es el ya famoso Batch Cooking (BC), que no es más que la acción de cocinar una vez a la semana los básicos que van a servirnos para comer durante gran parte de la misma. Este método nos va bien a todos, pero sobre todo se hace indispensable cuando tenemos hijos y trabajamos todos los miembros de la familia.

Si bien es cierto que el domingo (o el día de la semana que elijas para cocinar) emplearemos unas dos horas en hacer todas las preparaciones, tenemos que tener en cuenta que el BC nos va a aportar un montón de beneficios, tales como:

• Comer más sano y alimentos menos procesados.

• Ser más organizados en casa.

• Ahorrar dinero en la compra semanal.

• Tener más tiempo libre entre semana para disfrutar de la familia y/o del ocio.

¿Nunca te has parado a pensar que se tarda lo mismo en hervir un par de raciones de arroz que, por ejemplo, ocho? Pues de esto se trata, de cocinar una vez y comer varias.

¿Qué necesitamos para el BC?

Lo principal es hacer una buena compra de verduras y frutas frescas lo más cercana al domingo. Qué comprar ya dependerá de los gustos de cada familia, de la temporada en la que estemos, del número de personas que se van a beneficiar de las preparaciones, de si vamos a hacer *tuppers* y cenas o solo *tuppers*, etc. A mí nunca me faltan en mi cesta las zanahorias, las patatas, los calabacines, el brócoli y la coliflor. Cuando es temporada de alcachofas o de boniatos, siempre me lanzo a por ellos. Al igual que con las coles de Bruselas y las acelgas.

Tener siempre en la despensa legumbres (ya sean de bote o secas), cereales integrales de buena calidad, frutos secos, semillas, aderezos tales como salsa de soja o salsa tamari y especias, es fundamental para que el BC funcione.

También es imprescindible tener preparados los recipientes donde vamos a guardar toda la comida. Lo ideal es usar *tuppers* de cristal o botes de conserva reutilizados, pero seguro que lo que más abunda en vuestras casas son los *tuppers* de plástico. Estos obviamente también valen, pero hay que asegurarse de que estén bien limpios antes de meter ahí nuestras preparaciones.

¿Cómo me organizo?

Lo primero que hago es preparar las verduras que van a ir al horno. Pienso en un par de combinaciones, según las verduras que haya comprado, y me pongo manos a la obra. Las lavo, las troceo y las coloco en un par de recipientes de horno. Las especio, las rocío con aceite de oliva virgen extra y las meto en el horno. A veces añado un bloque de tofu troceado y previamente marinado para completar la preparación.

Y como el horno es tan grande y tiene tantos niveles, aprovecho para hornear alguna cosa más como patatas, boniatos, ajos, pimientos, zanahorias...

Mientras se hornean las verduras lo siguiente que preparo son las cocciones de los cereales y de las legumbres, aunque estas últimas normalmente las suelo usar en conserva.

No todas las semanas tienen por qué ser los mismos cereales y legumbres, de hecho, en la variedad está el gusto, ¿no dicen eso?

Por otro lado, hemos de tener en cuenta que, calcular al gramo la cantidad que vamos a consumir de cada preparación es casi imposible (será cuestión de ir afinando cada semana a base de prueba-error), por eso, si llegando a final de semana ya nos percatamos de que va a sobrar, por ejemplo, algo de arroz, podemos aprovechar y hacer unas *burguers* con él o, simplemente, congelarlo.

El Batch Cooking ha traído a nuestra casa tranquilidad y buenos alimentos.

Mi despensa

Llevar una alimentación vegana no quiere decir que solo tengamos que comer ensalada como muchos creen. La imaginación y el atrevimiento son dos factores muy importantes a la hora de cocinar, pero también lo es, y mucho, tener conciencia de todos los productos que el mercado nos ofrece, que no solo son los que solemos ver en las grandes superficies. Al contrario de lo que puede parecer, no consumir productos de origen animal, agudiza la imaginación a la hora de cocinar, haciendo que elaboremos platos llenos de sabor y muy variados.

A continuación, encontrarás una lista con todos los alimentos que solemos consumir en casa.

Frutas: manzana, pera, naranja, plátano, mandarina, limón, lima, kiwi, mango, piña, papaya, fresas, arándanos, frambuesas, melón, sandía, melocotón, cerezas, granada, coco, higos, caquis, aguacate...

Verduras y hortalizas: col, kale, coliflor, brócoli, romanesco, escarola, lechuga, endivia, cebolla, ajo, ajo negro, zanahoria, pepino, rábano, nabo, berenjena, calabacín, remolacha, pimiento, alcachofas, espárragos, tomate, puerro, apio, judías verdes, calabaza, patata, boniato, espinacas, acelgas, rúcula...

Setas: champiñones, setas ostra, trompetas de la muerte, seta calabaza o cep, champiñones Portobello, setas shiitake...

Cereales y pseudocereales: avena, trigo, espelta, trigo sarraceno, quinoa, maíz, mijo, arroz... Estos los podemos encontrar refinados (desprovistos de algunos de sus elementos (como su fibra) o integrales, que son los que yo siempre recomiendo, ya que así conservan todos sus nutrientes. También pueden presentar diferentes formas: harina, sémola, copos, germen, salvado, pasta...

Legumbres: soja, habichuelas o judías, lentejas, garbanzos, azukis, cacahuetes (sí, como lo lees, los cacahuetes no son frutos secos, sino legumbres), guisantes, habas...

Frutos secos: nueces, pistachos, piñones, almendras, anacardos, nueces de pecan, higos secos, dátiles, orejones, avellanas, coco deshidratado, arándanos secos, pasas, ciruelas pasas...

Semillas: lino, sésamo blanco, sésamo negro, chía, amapola, cáñamo, calabaza, girasol...

Endulzantes: azúcar moreno, panela, azúcar de coco, sirope de agave, sirope de arce, estevia, dátiles, fruta en compota...

Algas: wakame, kombu, nori, agar agar...

Especias y condimentos: sal no refinada, pimienta, curry, pimentón de la Vera, cúrcuma, jengibre, comino, nuez moscada, canela, perejil, albahaca, tomillo, romero, orégano, cilantro, hierbas provenzales, levadura nutricional...

Buenos procesados: tofu, seitán, tempe, bebidas vegetales, yogur de soja natural...

Productos fermentados: chucrut, miso, tempe, salsa de soja, salsa tamari, encurtidos...

Grasas para cocinar: aceite de oliva virgen extra, aceite de coco, aceite de sésamo...

Medidas y utensilios

Las medidas que suelo indicar en las recetas son:
- 1 taza = 250 ml
- 1 cucharada = 1 cucharada de las soperas (15 ml aproximadamente).
- 1 cucharadita = 1 cucharada de las de postre (5 ml).
- Una pizca = lo que puede tomarse entre las puntas de dos dedos.

En cuanto a los utensilios que suelo usar están el robot de cocina o procesador de alimentos, la batidora, sartenes, ollas, *wok,* cuchillos, colador, moldes para la repostería, lengua de silicona...

Qué vas a encontrar en mi libro

Mi intención con este libro no es convencerte de que te hagas vegano o vegetariano, pero sí darte una infinidad de opciones divertidas, fáciles y muy sabrosas para que, poco a poco, puedas ir reduciendo el consumo de alimentos de origen animal. El medioambiente, los animales y tu propio cuerpo estarán muy agradecidos de este pequeño gran cambio.

En las siguientes páginas te vas a topar con más de 50 recetas hechas todas ellas con ingredientes 100% vegetales. La mayoría de ellas tienen una elaboración muy sencilla, ya que es una de las cosas que yo más valoro en la cocina. Y es que, con el paso del tiempo, me he dado cuenta de que lo que más gusta y lo que más se reproduce es lo más fácil. Menos siempre es más.

Vas a encontrar recetas para los más golosos y recetas para los que prefieren un buen estofado caliente, así como quesos, pastas, salsas, imitaciones a la carne, postres saludables, etc.

- PRIMEROS
- APERITIVOS
- GUARNICIONES
  ↳ (cosa ligera)

NOTA: Podemos dejar la ensalada preparada en el tarro y consumirla hasta 3-4 días después de haberla hecho, siempre y cuando esté bien refrigerada.

Ensalada en tarro

¡Que no! Que no es postureo lo de hacer una ensalada en tarro. Bueno, un poco sí, pero el hecho de meter los ingredientes ahí tiene una explicación muy lógica que os explico en el desarrollo de la receta.

Ingredientes
(2 raciones):
• *10 tomates cherry cortados por la mitad*
• *1 pepino cortado a daditos*
• *1 zanahoria cortada a daditos*
• *4 cucharadas de maíz dulce en grano*
• *200 g de arroz integral cocido*
• *10 olivas negras cortadas por la mitad*
• *Col lombarda cortada a la juliana*
• *Un puñado de pasas*
• *2 cucharadas de semillas de calabaza*
• *Hojas de ensalada*

Para el *dressing*:
• *1 aguacate machacado*
• *El zumo de una lima*
• *2 cucharaditas de semillas de sésamo*
• *1/2 cucharadita de sal*
• *1 pizca de pimienta negra*
• *1 cucharada de aceite de oliva*

Elaboración:
• Para hacer una ensalada en tarro lo más importante es el orden de colocación de los ingredientes, ya que la intención es que esté en perfecto estado a la hora de consumirla. Por tanto, procederemos de la siguiente forma:

1. Aliño o *dressing*. En un bol pequeño mezclamos el aguacate machacado con el zumo de lima, las semillas de sésamo, la sal y la pimienta. Ponemos nuestro *dressing* en el fondo del tarro para así evitar que esté en contacto con otros ingredientes que tienden a «aflojarse».

2. Vegetales «duros». Nos referimos a aquellas verduras que no se estropean al estar en contacto con un líquido. En esta ocasión serán el pepino, la zanahoria, la col lombarda y el maíz. Estos ingredientes van a actuar de barrera entre lo húmedo y lo seco.

3. Cereales o legumbres. En esta capa ponemos el arroz cocido. Podríamos haber puesto en su lugar unos garbanzos, quinoa, alubias blancas, pasta, etc.

4. Frutas y vegetales «blandos». Se trata de aquellos ingredientes más delicados que si entran en contacto con líquido durante algún tiempo, podrían cambiar su sabor y textura. En nuestro caso serían los tomates y las olivas.

5. Semillas y frutos secos. Son una barrera entre los vegetales «blandos» y las hojas frescas. En esta capa, entonces, ponemos las semillas de calabaza y las pasas.

6. Hojas frescas. Para coronar nuestra ensalada en tarro, añadimos las hojas frescas que hayamos elegido. No se van a ablandar ya que en ningún momento tocan nada de líquido.

• Cerramos el tarro y conservamos la ensalada en la nevera hasta el momento de consumirla.

Guacamole «zoodles»

¿Zoodles? ¿Qué es eso? Pues es la versión más *healthy* que tenemos de comer un plato de «pasta», ya que están hechos a base de calabacín. El resultado te sorprenderá.

Ingredientes
(2 raciones)
• *1 calabacín grande*
• *1 aguacate*
• *1 cebolla fresca pequeña*
• *8 tomates cherry*
• *Unas hojitas de cilantro fresco*
• *1/2 cucharadita de sal*
• *1/4 cucharadita de pimienta negra*
• *Un chorrito de limón*
• *1 cucharada de semillas de sésamo tostado*

Elaboración:

• Lavamos muy bien el calabacín y le cortamos el sombrerito.

• Para hacer los espaguetis de calabacín o «zoodles» podemos usar uno de los muchos aparatitos que venden en cualquier tienda de *gadgets* de cocina. Si no disponemos de uno, podemos cortarlos a mano, haciendo cortes transversales del grosor que queramos que tengan los «zoodles» con un cuchillo afilado y después pasando el pelapatatas de arriba a abajo. También los podemos encontrar ya cortados en muchos supermercados y fruterías.

• Ponemos en un bol los «zoodles» y los reservamos.

• Aparte, trituramos el aguacate, la cebolla fresca y el cilantro con la sal, la pimienta y el zumo de limón.

• Añadimos lo anterior al bol donde teníamos los «zoodles» reservados y mezclamos bien.

• Le ponemos como *toppings* los tomates cherry cortados y las semillas de sésamo.

• Servir a temperatura ambiente.

NOTA: *¿Sabías que el nombre de zoodles proviene de la fusión entre las palabras noodles (fideos en inglés) y zuchcini (calabacín en inglés)?*

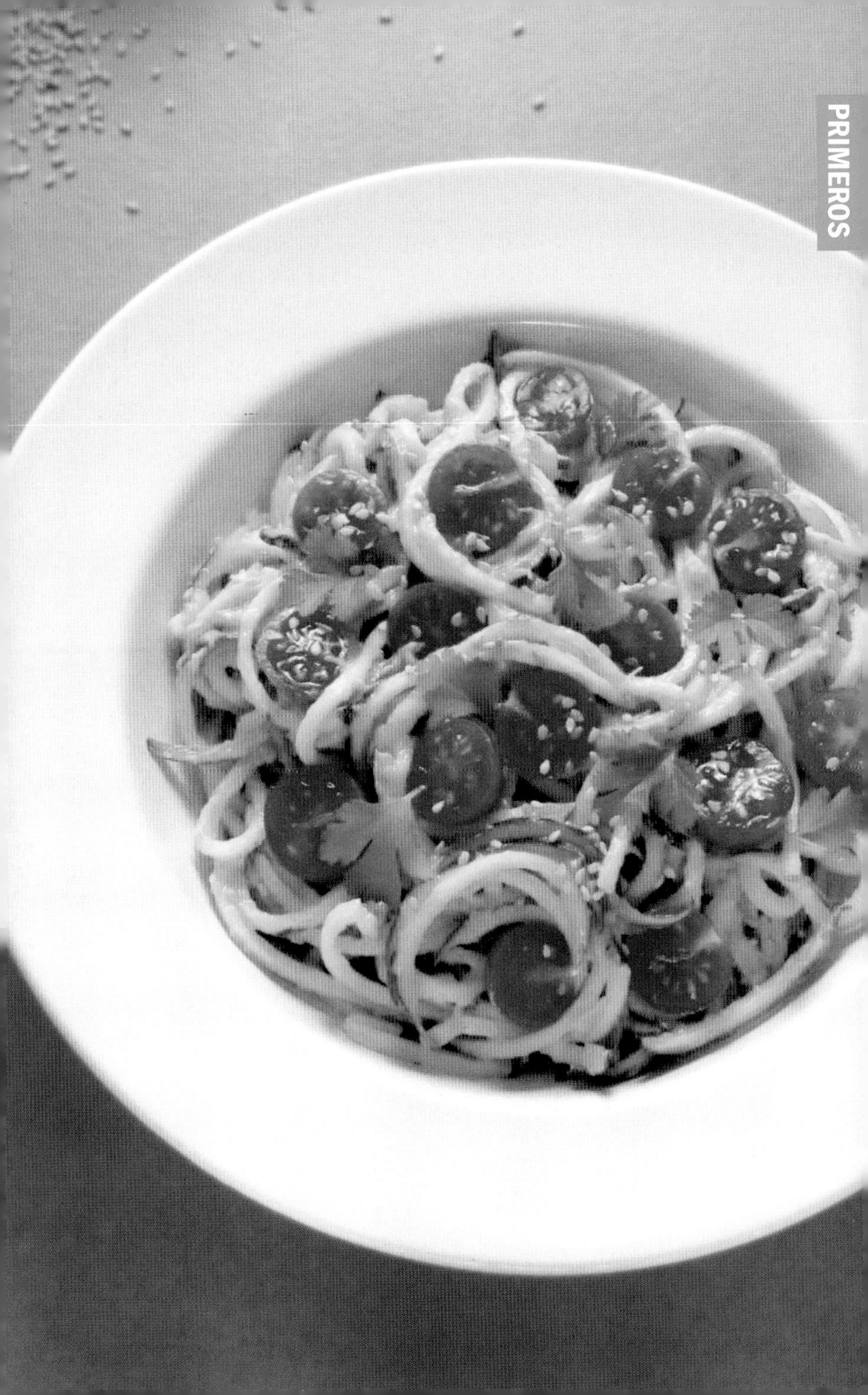

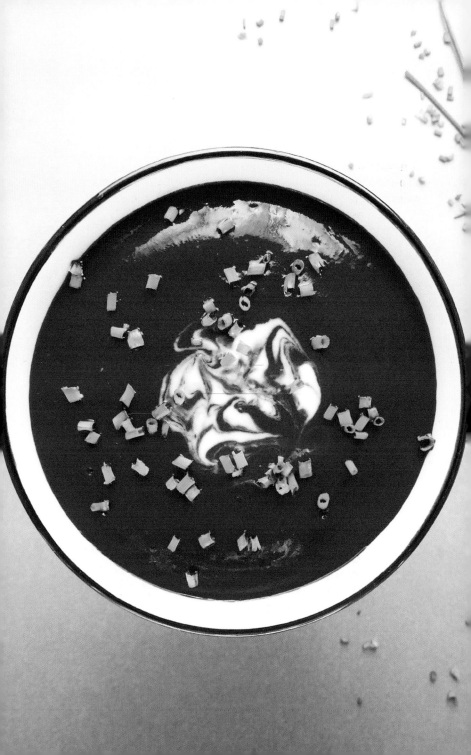

Crema de
remolacha asada

La remolacha es de las hortalizas que más cuesta introducir en la cocina. Yo personalmente la adoro, y su versión en crema es maravillosa a la vez que nutritiva, ya que nos proporcionará un buen chute de antioxidantes. Te aseguro que esta receta no te dejará indiferente.

Ingredientes
(4 raciones):
- *200 g de remolacha cruda*
- *70 g de zanahoria*
- *120 g de patata*
- *100 g de puerro*
- *100 ml de bebida de soja sin edulcorar*
- *250 ml de agua o caldo de verduras*
- *4 cucharadas de leche de coco de lata*
- *Sal*
- *Pimienta*
- *Aceite de oliva*

Elaboración:

• Lavamos bien todas las verduras, las troceamos y las colocamos sobre una fuente de horno con sal, pimienta y aceite de oliva.

• Las horneamos durante treinta minutos a 200 °C.

• Sacamos las verduras del horno y las dejamos templar.

• Disponemos las verduras, la bebida de soja y el agua (o el caldo de verduras) en el procesador de alimentos y trituramos hasta conseguir una textura muy fina.

• Servimos la crema caliente o templada en cuatro boles con una cucharada de leche de coco sobre cada uno de ellos.

NOTA: La Remolacha es una gran fuente de ácido fólico, así como de vitamina C y de potasio. También es Rica en vitaminas B1, B2, B3 y B6 y en minerales como el hierro y el yodo.

Tofu feta

Esta es quizás la receta más sencilla del libro, sin embargo, contiene un ingrediente que no es habitual encontrarlo en los supermercados: el miso blanco. No obstante, si no podéis conseguirlo en vuestro herbolario de confianza o en el bazar asiático más cercano, podéis adquirirlo a través de internet. Merece la pena porque el resultado es espectacular.

Ingredientes:
- *250 g de tofu firme*
- *200 g de pasta de miso blanco*
- *1 cucharada de hierbas provenzales secas*
- *1 cucharadita de orégano*
- *200 ml de aceite de oliva*

NOTA: El tofu feta es ideal para comerlo en ensaladas

Elaboración:
- Para hacer el tofu feta hay que planificarse antes, ya que necesita 48 horas de fermentación, más un día de maceración.

- Cortamos el bloque de tofu por la mitad de forma que nos queden dos lonchas rectangulares, y cada mitad a su vez en dos mitades. Queremos que el grosor de cada trozo sea de aproximadamente de 1 cm.

- En un *tupper* bien limpio (mejor si es de vidrio), ponemos una cama de pasta miso. Colocamos el tofu encima y lo cubrimos con el resto del miso de forma que quede bien tapado.

- Cerramos el *tupper* y lo dejamos a temperatura ambiente 48 horas. No hace falta refrigerarlo porque lo que queremos conseguir es que fermente. Si en casa la temperatura no es muy alta, podemos dejarlo un día más fermentando.

- Aprovechamos el mismo día y aromatizamos el aceite poniendo este en un bote de cristal junto con las especias.

- Removemos y lo cerramos.

- Cuando haya pasado el tiempo de fermentación de nuestro tofu feta, abrimos el *tupper* y le quitamos el miso bajo el chorro de agua fría.

- Podemos comprobar en este momento que el color del tofu ha cambiado y que la textura es menos blanda.

- Cortamos el tofu en dados y lo añadimos en el tarro que teníamos con aceite de oliva y especias.

- Lo guardamos en la nevera y esperamos como mínimo un día para consumirlo, ya que hasta entonces no habrá absorbido bien el aroma de las hierbas.

- Podemos conservarlo en la nevera durante un mes.

Garbanzos *crunchy* especiados

No me cansaré de repetir que las legumbres no solo se usan en los guisos, sino que también son exquisitas como parte de una ensalada, en *hummus,* como base de algunos postres y también como *snack* o guarnición, que es lo que os propongo a continuación.

Ingredientes:
- *400 g de garbanzos cocidos y escurridos*
- *1 cucharadita de pimentón de la Vera*
- *2 cucharaditas de orégano*
- *1/2 cucharadita de comino*
- *1/2 cucharadita de ajo en polvo*
- *1/2 cucharadita de cebolla en polvo*
- *1 chorrito de zumo de limón*
- *2 cucharadas de aceite de oliva*
- *1/4 cucharadita de sal*
- *1/4 cucharadita de pimienta negra*

Elaboración:
- Ponemos los garbanzos cocidos en un bol junto con el resto de los ingredientes.

- Mezclamos con ayuda de una cuchara para que los garbanzos se impregnen bien del aderezo.

- Ponemos papel de hornear sobre la bandeja de horno y distribuimos los garbanzos sobre ella, de forma que no queden amontonados los unos sobre los otros.

- Los horneamos durante cuarenta minutos a 200°C, removiendo de vez en cuando.

- Dejamos enfriar a temperatura ambiente.

- Servimos como *snack* o como *topping* de ensaladas, cremas, *hummus...*

NOTA: Prueba a darle unos garbancitos a tu hijo/a o a tu sobrino/a mientras veis una peli en el cine. Ya verás cuánto le gusta.

Crema de calabaza y naranja

Qué bien sienta una buena crema de verduras, ¿verdad? Esta, gracias a la cremosidad que le aportan los anacardos y el toque cítrico de la naranja, es una opción perfecta para tomarla calentita los días más fríos del año. Aunque, si lo prefieres, puedes tomarla templada e incluso fría.

Ingredientes
(8 raciones):
- *700 g de calabaza sin piel*
- *1 puerro*
- *500 ml de agua o caldo de verduras (podéis añadir un poco más si os gustan las cremas más ligeras)*
- *100 ml de leche de soja*
- *50 g de anacardos crudos*
- *Un chorrito de zumo de naranja*
- *1 cucharadita de sal*
- *Una pizca de pimienta*
- *Garbanzos especiados como «picatostes» (ver receta en página 39)*

Elaboración:
- Troceamos el puerro y lo pochamos en una cacerola durante cinco minutos a fuego medio.

- Añadimos la calabaza cortada a dados, los anacardos, el agua o caldo de verduras, la leche de soja, la sal y la pimienta.

- Llevamos a ebullición y cocemos durante 20-25 minutos.

- Retiramos del fuego, añadimos un chorrito de zumo de naranja y trituramos hasta conseguir una crema fina y homogénea. Si queremos una crema más ligera, se puede añadir un poco más de agua o caldo de verduras.

- Servimos caliente o templada con unos garbanzos especiados.

NOTA: Al combinar la crema con los garbanzos especiados obtenemos un plato bastante rico en proteínas.

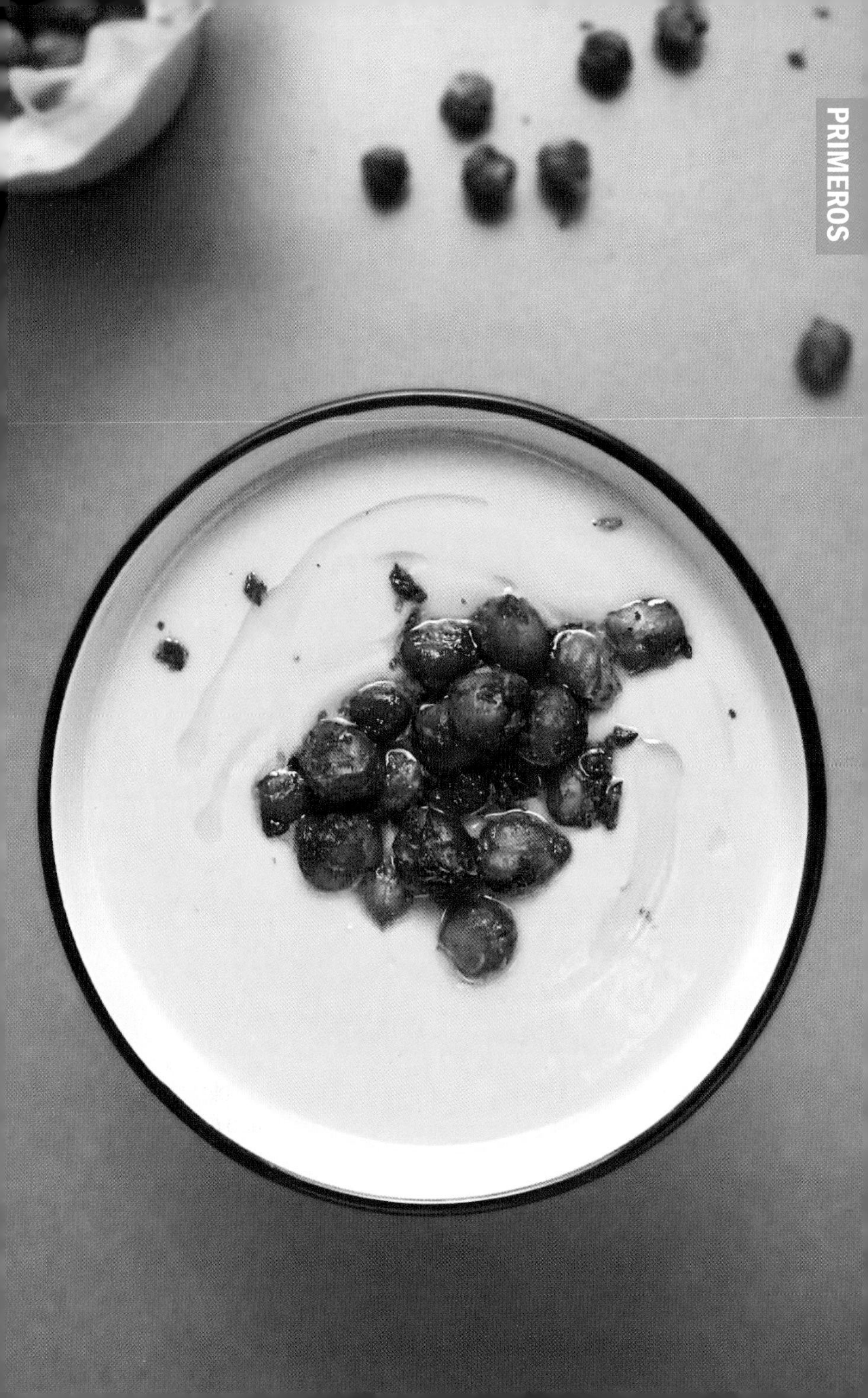

Hummus
de aguacate

El *hummus* es por excelencia la opción más socorrida para cuando vas a comer a casa de algún amigo o familiar, o para cuando vienen invitados a casa. Si quieres sorprender, te animo a que le sumes cremosidad gracias al ingrediente estrella de esta receta: el aguacate.

Ingredientes
(8 raciones):
• *400 g de garbanzos cocidos*
• *El zumo de 1/2 limón*
• *40 g de sésamo tostado*
(o 40 g de tahini)
• *1 aguacate*
• *40 g de aceite de oliva*
• *60 g de agua*
• *1 ajo*
• *1 cucharadita de sal*
• *Un par de ramitas de cilantro fresco*
• *Pan de pita y crudités de verduras*

Elaboración:
• En primer lugar, colocamos en el procesador de alimentos las semillas de sésamo y las trituramos hasta hacerlas polvo.

• Añadimos el resto de los ingredientes y batimos durante un minuto o hasta que haya cogido la consistencia deseada.

• Servimos con pan de pita y con *crudités* de verduras.

Nota: Los mejores crudités para dippear son la zanahoria, el apio, el pimiento rojo, el espárrago verde bien fino y el pepino

«Queso» de anacardos

Este «dip» es maravilloso. Es una de mis opciones más recurrentes cuando tengo invitados en casa. Si no lo pongo tal cual para *dippear* con palitos de pan o con crudités de verduras, lo unto en unas tiras de calabacín o de berenjena (previamente hechos a la plancha o al horno) y los enrollo sobre sí mismos. Sobran las palabras.

Ingredientes:
- *200 g de anacardos crudos*
- *2 cucharadas de levadura nutricional (opcional)*
- *Un chorrito de limón*
- *80 g de agua*
- *1/2 cucharadita de sal*
- *1 ajo pequeño*
- *1 cucharada de aceite de oliva*
- *10 g de perejil fresco (o una cucharadita de hierbas secas de las que más nos gusten)*

Elaboración:
- Dejamos los anacardos en remojo durante cuatro horas como mínimo.

- Ponemos todos los ingredientes, excepto el perejil, en el procesador de alimentos o en el vaso de la batidora y trituramos hasta que la crema no tenga grumos.

- Añadimos el perejil bien picado o las hierbas secas que hayamos elegido para hacer nuestro queso cremoso y lo mezclamos bien.

- Guardamos en un tarro de cristal hermético en la nevera durante un par de horas como mínimo antes de consumirlo. Nos aguantará hasta tres semanas refrigerado.

- Este queso es ideal para servir con tostaditas, con *crudités* de verduras, como base de sándwiches o *burgers*, para hacer rollitos de verdura rellenos...

NOTA: Nuestro queso de untar estará más rico después de unos días de haberlo hecho

NOTA:
Si no te gustan
las pasas, prueba
a ponerle unos
arándanos
deshidratados.

Taboulé
de coliflor

A priori, la coliflor cruda puede generar rechazo, pero te aseguro que si la maceras bien y la combinas con buenos ingredientes, parecerá que te estás comiendo un auténtico cuscús, pero con la diferencia de que este es veinte veces más *healthy*.

Ingredientes
(2 raciones):
- *300 g de coliflor cruda*
- *1 pepino*
- *5-6 tomates cherry*
- *1 zanahoria*
- *1 aguacate*
- *8 olivas negras*
- *1 puñado de pasas sultanas*
- *2 cucharadas de semillas de calabaza*

Para la vinagreta:
- *2 cucharadas de aceite de oliva*
- *2 cucharadas de salsa de soja o de tamari*
- *6 hojitas de hierbabuena picadas*
- *1 cucharadita de sirope de agave*
- *1 cucharada de zumo de limón*
- *1/4 cucharadita de cúrcuma en polvo*

Elaboración:
- En primer lugar troceamos la coliflor, la lavamos bien y la picamos en el procesador de alimentos o en la picadora hasta que quede granulada (no hay que hacerla puré). Si no tenemos procesador de alimentos o picadora, podemos hacer el cuscús con el rallador.

- Lo reservamos en un bol.

- En un vasito echamos todos los ingredientes de la vinagreta y emulsionamos (batimos) con ayuda de un tenedor.

- Añadimos la vinagreta al cuscús, removemos bien y dejamos macerar mientras preparamos el resto de la ensalada.

- Picamos en daditos el pepino, la zanahoria y el aguacate. Troceamos también los tomates cherry y las olivas.

- Echamos lo anterior al bol del cuscús añadiendo también las semillas de calabaza y las pasas.

- Removemos bien y servimos a temperatura ambiente o frío.

Tartar japonés

Esta receta es muy especial para mí porque ha enloquecido a cada persona que se la he dado a probar. Mis sobrinos la adoran y mi madre la prepara cada vez que tiene una visita en casa. La cocina con toques orientales siempre triunfa.

Ingredientes
(4 personas):
- 1 taza de arroz de sushi
- 2 tazas de agua
- 2 cucharadas de vinagre de arroz
- 1/2 cucharadita de sal
- 1 cucharadita de sirope de agave
- 1 lámina de alga nori
- 1 mango
- 2 aguacates
- Semillas de sésamo
- Salsa de soja
- Mayonesa casera
- 1 cucharadita de wasabi

Elaboración:

- En primer lugar, lavamos bien el arroz de sushi (lo enjuagamos unas cinco veces).

- Lo ponemos en una cacerola con las dos tazas de agua y con la tapa puesta. Cuando arranque a hervir bajamos el fuego al mínimo y lo cocemos durante trece minutos. Apartamos del fuego pero lo dejamos reposar con la tapa un par de minutos más.

- Añadimos el aliño de vinagre de arroz, sal y sirope de agave. Enfriamos con ayuda de un abanico y sin dejar de moverlo. Le añadimos el alga nori bien picadita y seguimos removiendo. Reservamos a temperatura ambiente.

- Preparamos la mayonesa siguiendo las instrucciones de la página 127 de este libro, añadiéndole además una cucharadita de wasabi.

- Troceamos el mango a daditos pequeños y reservamos.

- Hacemos lo mismo con el aguacate.

- Montamos el tartar con ayuda de un molde de aro alternando las siguientes capas: arroz, mayonesa de wasabi, mango, mayonesa de wasabi, aguacate y semillas de sésamo.

- Sacamos el aro y le ponemos un buen chorrito de salsa de soja por encima antes de servir.

- Servimos el tartar con una ensalada.

NOTA: Si te sobra un poco de mango, pícalo y congélalo para añadirlo a tu smoothie favorito.

Champiñones en salsa

Siempre que pienso en champiñones en salsa, me los imagino al lado de un buen puré casero de patatas, así que te animo a probar esta combinación ganadora.

Ingredientes
(2 raciones):
- *16 champiñones Portobello*
- *2 ajos*
- *1/2 cebolla*
- *Unas ramitas de perejil fresco*
- *1 cucharadita de orégano seco*
- *1/2 cucharadita de tomillo seco*
- *1/2 cucharadita de sal*
- *Una pizca de pimienta negra*
- *100 ml de cerveza*
- *2 cucharadas de salsa de soja o de tamari*

NOTA: Los rabos de los champiñones, en vez de tirarlos, podemos usarlos como un ingrediente más a la hora de hacer caldo de verduras. Le dan un toque estupendo.

Elaboración:
- Picamos la cebolla y los ajos muy finamente.

- Ponemos al fuego una sartén honda tipo *wok* con un buen chorro de aceite de oliva.

- Añadimos la cebolla y los ajos y lo pochamos durante 3-4 minutos a fuego medio.

- Mientras tanto, quitamos el rabito a los champiñones con cuidado de no romper la parte de arriba, que es lo que usaremos para nuestra receta. Limpiamos los sombreritos con un trapo seco y los añadimos a la sartén junto con las especias, la sal y el perejil fresco bien picadito.

- Salteamos todo durante cinco minutos.

- Mezclamos en un vaso la cerveza y la salsa de soja y añadimos esta mezca a la sartén.

- Dejamos cocinar unos minutos a fuego medio-bajo hasta que se reduzca la salsa y se evapore el alcohol.

- Servimos con perejil picado por encima acompañado, por ejemplo, de un buen puré de patata.

Zanahorias asadas

Mi especialidad últimamente son las verduras asadas, en especial, las zanahorias. Combínalas con un buen plato de cuscús con cebolla caramelizada y pasas y te volverás loco de placer.

Ingredientes
(4 raciones):
- 6-8 zanahorias medianas
- 1 chorrito de zumo de naranja
- 2 cucharadas de aceite de oliva
- 1 cucharadita de sal
- 1/4 de cucharadita de pimienta negra
- 1/2 cucharadita de tomillo seco

Elaboración:
- Precalentamos el horno a 200 °C.

- Lavamos bien las zanahorias ya que no las vamos a pelar.

- Les cortamos el tallo pero dejándolo asomar un poco, lo cual hará que se vean más atractivas.

- Colocamos las zanahorias en una fuente de horno de forma que no queden unas encima de las otras.

- Mezclamos en un bol pequeño los ingredientes del aliño y los batimos con un tenedor hasta que nos queden bien integrados. Lo vertemos por encima de las zanahorias

- Tapamos la fuente con su tapa o, si esta no tuviera, con papel de plata.

- Introducimos la fuente en el horno y horneamos durante treinta minutos. El tiempo de horneado dependerá del tamaño de las zanahorias, así que os recomiendo ir pinchándolas con un palillo hasta que alcancen el punto deseado.

- Destapamos la fuente y horneamos diez minutos más con el objetivo de que las zanahorias queden bien doradas y asadas.

- Servimos como guarnición de nuestro plato principal.

NOTA: ¿Sabías que la pimienta negra aumenta las secreciones del estómago ayudando así a la digestión?

Pizza filo

Mi intención para este libro era hacer una receta de *pizza* con una base normal, pero se me ocurrió que, como ese tipo de recetas ya las conoce todo el mundo, era el momento de probar a hacer una alternativa. Fue un acierto usar hojas de masa filo para la base.

Ingredientes
(2 raciones):
- *8 láminas de pasta filo*
- *300 g de champiñones*
- *8 espárragos verdes*
- *2 cucharadas de salsa pesto (ver receta en página 126)*
- *1 cucharada de parmesano vegano (ver receta en página 129)*
- *5 tomates cherry*
- *10 olivas negras*
- *2-3 cucharadas de aceite de oliva*
- *Sal*

NOTA:
¡Es un escándalo cómo cruje esta pizza!

Elaboración:
- Precalentamos el horno a 200 °C.

- En una sartén con aceite de oliva, salteamos los champiñones con un poquito de sal a fuego medio. Los reservamos.

- Ponemos papel de hornear sobre la bandeja del horno.

- Ahora vamos colocando sobre ella las hojas de masa filo untando cada una con aceite de oliva. Esto hará que se adhieran bien entre ellas. Podemos hacerlo con una brocha de silicona o con un espray.

- Una vez hayamos acabado de poner las hojas de masa filo, doblamos los bordes hacia adentro untándolos con un poco más de aceite oliva si fuese necesario.

- Pinchamos la masa con un tenedor para ayudar a que salga el aire durante el horneado.

- Añadimos la salsa pesto y la extendemos con ayuda de una cuchara. Espolvoreamos el parmesano.

- Echamos los champiñones distribuyéndolos bien por toda la superficie.

- Por último, añadimos los espárragos troceados, las olivas y los tomates cherry cortados a rodajas.

- Echamos una pizca de sal y metemos la *pizza* en el horno durante treinta minutos a 200 °C.

- La sacamos del horno, la troceamos y la servimos bien caliente.

Bruschetta de tofu revuelto

Para los que echan de menos el huevo y para los intolerantes al mismo, esta es vuestra receta. Nada que envidiar tiene el tofu revuelto que os presento a continuación al revuelto tradicional, y nos va a aportar una buena dosis de proteína igualmente.

Ingredientes
(2 raciones):
- *4 rebanadas de pan integral*
- *150 g de champiñones*
- *1 ajo*
- *250 g de tofu sedoso o Silken*
- *1/4 cucharadita de cúrcuma en polvo*
- *1 cucharada de salsa de soja*
- *Sal al gusto*
- *Una pizca de pimienta*
- *Aceite de oliva*

Elaboración:
- Picamos el ajo y cortamos los champiñones en láminas.

- Echamos un chorrito de aceite de oliva en una sartén y freímos el ajo con cuidado de que no se queme.

- Añadimos las láminas de champiñón, salpimentamos y salteamos durante un par de minutos.

- Mientras, ponemos el tofu en un plato y lo machacamos con un tenedor junto con la cúrcuma y la salsa de soja.

- Añadimos a la sartén el tofu y salteamos durante 3-4 minutos más.

- Apartamos del fuego y servimos sobre las rebanadas de pan tostado.

Nota: Podemos añadir a este revuelto una pizca de sal Kala Namak justo antes de servir, ya que su fuerte sabor a huevo le dará un toque sorprendente a nuestro plato.

• SEGUNDOS

↳ (plato fuerte)

Buddha Bowl

¿Y eso qué es? Pues no es más que una combinación sencilla de ingredientes cocinados (ya sean al vapor, al horno o salteados) y crudos. Si hacemos una mezcla consciente, nuestro Buddha Bowl incluirá todos los nutrientes necesarios para mantenernos con energía de una forma saludable.

Ingredientes (2 raciones):
- 1/2 brócoli
- 1 calabacín pequeño
- 1 manojo de espárragos verdes
- 8 tomates cherry
- 1/2 taza de cuscús integral
- 100 g de tofu
- 1 aguacate
- Unas hojas de ensalada fresca
- Sal
- Pimienta negra molida
- Aceite de oliva

Para el marinado del tofu:
- 1/2 cucharadita de pimentón de la Vera
- 1/2 cucharadita de ajo en polvo
- 1/2 cucharadita de cebolla en polvo
- 1/4 cucharadita de sal
- 2 cucharadas de salsa de soja
- 1 cucharada de aceite de oliva
- 100 ml de agua

Elaboración:

- Vamos a elaborar casi todo nuestro Buddha Bowl en el horno, por lo que lo primero que haremos será precalentarlo a 200 °C.

- En una fuente honda (no muy grande) apta para horno colocamos el tofu cortado en dados. Añadimos las especias, el agua y el aceite de oliva. Removemos bien y lo metemos en el horno sobre la rejilla. Horneamos unos 30-35 minutos hasta que el tofu haya absorbido todo el marinado. Al final del horneado podemos darle un toque de gratinado para que nos quede más crujiente.

- Ponemos papel de hornear sobre la bandeja del horno.

- Cortamos el brócoli en arbolitos, quitamos el tallo a los espárragos y troceamos en dados pequeños el calabacín. Colocamos todo bien separadito sobe la bandeja de horno. Ponemos también los tomates cherry, pero estos sin trocear.

- Salpimentamos las verduras y las rociamos con un hilito de aceite de oliva.

- Metemos la bandeja en el horno y asamos las verduras durante veinte minutos.

- El tofu llevará ya diez minutos horneándose, por lo que acabará de hacerse todo más o menos a la vez.

- El punto justo de horneado de las verduras dependerá de si nos gustan al dente o un poco más tiernas. Para comprobarlo, podemos ir pinchándolas con un tenedor hasta que estén listas.

- Mientras tenemos las verduras en el horno, preparamos el resto de nuestro *bowl*.

- En un cazo pequeño ponemos 1/2 taza de agua con sal y aceite de oliva.

- Llevamos a ebullición y apartamos del fuego. Rápidamente echamos la 1/2 taza de cuscús, removemos y le ponemos la tapa para que se haga con su propio vapor. Dejamos reposar durante tres minutos, tras los cuales quitaremos la tapa y removeremos para que los granitos queden bien sueltos.

- Sacamos las verduras y el tofu del horno.

- Ponemos un fondo de hojas de ensalada fresca sobre los dos boles. Añadimos el aguacate troceado, las verduras y el cuscús. Rematamos el plato con un chorrito de aceite de oliva y unas semillas de sésamo molidas.

- Servimos de inmediato.

NOTA: Prueba a sustituir el brócoli por coliflor para variar un poco el plato

NOTA: Arroz integral, quinoa, bulgur, pasta integral, trigo sarraceno o mijo, pueden ser una buena alternativa al cuscús en este *bowl*.

NOTA: El tofu sigue siendo un gran incomprendido por su falta de sabor, pero poca gente se da cuenta de que esta es su gran característica, ya que es un lienzo en blanco al que podemos añadir el sabor que más nos guste: *CURRY*, moruno, hierbas aromáticas, barbacoa, cítrico...

El tofu es una importante fuente de proteínas, calcio, hierro y grasas insaturadas.

Curry de garbanzos

Que tu suegra te pida la receta del plato que le acabas de servir es la señal inequívoca de que es un plato de diez. Y eso mismo es lo que pasó con este *curry* de garbanzos. Inmejorable.

Ingredientes
(4 raciones):
- *1 cebolla*
- *2 ajos*
- *400 g calabaza*
- *400 g de garbanzos cocidos*
- *300 ml de caldo de verduras*
- *400 ml de leche de coco*
- *Unas hojas de cilantro fresco*
- *1/2 cucharadita de comino*
- *2 cucharaditas de curry en polvo*
- *1 cucharadita de pasta de curry verde (opcional)*
- *Sal*
- *Aceite de oliva*

Elaboración:

- Para comenzar, picamos bien la cebolla y los ajos y los pochamos en una cacerola.

- Mientras, troceamos la calabaza en dados.

- Una vez pochados la cebolla y los ajos, añadimos la cucharadita de pasta de *curry* verde (este paso es opcional) y le damos un par de vueltas para que se fría un poco.

- Incorporamos los dados de calabaza a la cacerola y seguimos pochando durante cinco minutos más, removiendo de vez en cuando.

- Pasado ese tiempo, echamos los garbanzos, las especias, el cilantro bien picado, el caldo de verduras y la leche de coco.

- Dejamos que se cocine todo junto durante 15-20 minutos.

- Mientras tanto, cocemos el arroz basmati con abundante agua hirviendo con sal durante diez minutos.

- Servimos nuestro *curry* acompañado del arroz basmati y unas hojas de cilantro frescas.

NOTA: Si te sientan mal los garbanzos, puedes probar a quitarles la piel una vez cocidos. ¡Eso sí, hay que echarle un poco de paciencia!

Espaguetis con boloñesa de tempe

El tempe es de los productos que más cuestan de introducir en la dieta, ya que tiene un sabor y una textura muy diferente a nada de lo que hayamos probado. Por eso, una buena forma de incorporarlo es, por ejemplo, como parte de una salsa en sustitución de la carne.

Ingredientes
(4 raciones):
- *400 g de espaguetis de trigo integral*
- *150 g de tempe de soja*
- *1 cebolla*
- *1 zanahoria*
- *1 rama apio*
- *400 g de tomate triturado*
- *100 ml de vino blanco*
- *Sal*
- *1/2 cucharadita pimentón de la Vera*
- *1/4 cucharadita de pimienta*
- *1 cucharadita de orégano*
- *200 ml de caldo de verduras*
- *Aceite de oliva*

Elaboración:

- En primer lugar, picamos bien las verduras.

- Echamos un buen chorrito de aceite de oliva en una sartén honda y la ponemos al fuego.

- Añadimos la cebolla picada y la pochamos durante 5-7 minutos.

- A continuación, incorporamos la zanahoria y el apio picados y seguimos pochando durante otros cinco minutos más a fuego medio.

- Mientras tanto, ponemos el tempe troceado en una picadora o en un procesador de alimentos y lo picamos bien. Tiene que quedar granulado.

- Añadimos a la sartén el tempe, el pimentón de la Vera, la sal y la pimienta, removemos bien y salteamos un par de minutos.

- Incorporamos el vino blanco y, cuando este se haya evaporado, añadimos el tomate triturado junto con un poquito de sal.

- Dejamos que se reduzca a fuego bajo durante unos diez minutos y, después, añadimos el caldo de verduras.

- Cocinamos unos minutos más y rectificamos de sal si fuera necesario.

- Mientras tanto, cocemos la pasta siguiendo las instrucciones del fabricante.

- Servimos la pasta con nuestra boloñesa de tempe y un poquito de orégano por encima.

NOTA: El tempe se elabora a partir de la fermentación de la soja, lo que le convierte en un alimento probiótico muy beneficioso para nuestro organismo.

NOTA: Puedes sustituir las acelgas por espinacas. ¡A gusto del consumidor!

Acelgas esparragadas al estilo de mi abuelo

Esta receta es muy típica de mi tierra, Andalucía, y mi versión es casi clavada a la que hacía mi abuelo. Es un plato tradicional, pero es de esos que nunca pasarán de moda. Con una ración nos aseguramos una buena dosis de nutrientes y tendremos energía para un buen rato.

Ingredientes
(4 raciones):
- 300 g de acelgas frescas y lavadas
- 400 g de garbanzos cocidos
- 1 cebolla
- 2-3 dientes de ajo
- 1 rebanada de pan del día anterior
- 1 chorrito de vinagre
- 1/2 cucharadita de comino
- 1 cucharadita de orégano
- 1/2 cucharadita de pimentón dulce
- Sal
- Pimienta
- Aceite de oliva

Elaboración:

- En primer lugar, troceamos y lavamos las acelgas.

- Las cocemos en una cacerola con un fondo de agua con sal durante unos 5-7 minutos. Reservamos.

- Picamos finamente la cebolla y la reservamos también.

- Por otro lado, pelamos los ajos y los freímos enteros en una sartén honda, a fuego medio, con un buen chorro de aceite de oliva. Cuando estén doraditos los echamos al vaso de la batidora.

- A continuación, incorporamos la rebanada de pan a la sartén y la freímos por ambos lados.

- Cuando esté dorada, la añadimos al vaso junto con los ajos. Reservamos.

- Seguidamente, y con el aceite sobrante (si es necesario, podemos echar un poco más), vamos pochando la cebolla que teníamos apartada.

- Una vez pochada, bajamos el fuego, echamos el pimentón, removemos y añadimos rápidamente las acelgas para evitar que este se queme.

- Mientras tanto, trituramos con la batidora los ajos y el pan con un buen chorreón de vinagre y un vaso de agua.

- Añadimos ahora nuestro majado a la sartén, así como los garbanzos y las especias, y dejamos que todo se cocine unos 15-20 minutos. Si vemos que se queda muy seco podemos añadir un poco de agua.

- Apartamos del fuego y servimos en un plato hondo con una rebanada de pan.

Croquetas de mijo y boniato

A priori la palabra «croquetas» puede generar dos sentimientos encontrados: el deseo inmenso de devorarlas y la pereza máxima de hacerlas. Con esta receta os voy a solucionar el segundo de ellos. Su ejecución es tan sencilla que querrás hacerlas cada semana. A su favor tienen que no llevan bechamel y que solo van rebozadas en pan rallado.

Ingredientes
(25 croquetas):
• 300 g de mijo cocido
• 250 g de boniato
• 50 g de harina de avena (puede servir cualquier otro tipo de harina)
• 4 cucharadas de copos de avena finos
• 2 cucharadas de pan rallado
• 2 cucharadas de salsa de soja
• 1/2 cucharadita de ajo en polvo
• 1/2 cucharadita de cebolla en polvo
• 1/2 cucharadita de pimentón de la Vera
• 1 pizca de pimienta
• Sal al gusto
• Pan rallado para rebozar
• Aceite de oliva para freír

Elaboración:

• En primer lugar, cocemos el mijo. Ponemos en una cacerola el triple de volumen de agua que del cereal, un poquito de sal y el propio mijo. Llevamos a ebullición y, una vez que arranque a hervir, tapamos y bajamos el fuego. Lo cocemos durante quince minutos removiendo de vez en cuando y vigilando para que no se vaya a pegar. Pasado el tiempo de cocción retiramos la cacerola del fuego y lo dejamos reposar con la tapa puesta otros diez minutos. Dejamos templar a temperatura ambiente.

• El boniato lo podemos cocer o asar hasta que esté tierno. Dejamos templar también.

• Echamos el mijo, el boniato, las especias y los copos de avena en el procesador de alimentos y trituramos un poco. No hace falta conseguir una masa fina.

• Pasamos la masa a un bol y añadimos las dos cucharadas de pan rallado y la harina.

• Mezclamos bien y dejamos reposar la masa en la nevera una hora como mínimo para que coja cuerpo y sea más manejable.

• Damos forma a nuestras croquetas y las pasamos por pan rallado.

• Freímos en abundante aceite de oliva bien caliente. Las sacamos en un plato sobre papel de cocina para que empapen el exceso de aceite.

• Servimos calientes acompañadas de una buena ensalada.

NOTA: Prueba a sustituir el boniato por calabaza o zanahoria.

Veggie burger de garbanzos y remolacha

¡Por fin una hamburguesa vegetal que no se rompe! He de decir que las blanditas también están muy ricas, pero si lo que queremos es meter la hamburguesa dentro de un buen pan y con mil *toppings* diferentes, esta es la receta.

Ingredientes
(10 *veggie burgers*):
- *400 g de garbanzos crudos*
- *10 g perejil*
- *1 cebolla fresca*
- *1 ajo*
- *100 g de remolacha cruda*
- *2 cucharadas de harina de garbanzo*
- *1 cucharadita de sal*
- *1 cucharadita de hierbas provenzales*
- *1/4 cucharadita de pimienta negra*

Elaboración:

- Esta receta requiere de un poco de planificación, ya que hay dejar en remojo los garbanzos durante mínimo veinticuatro horas.

- Ponemos todos los ingredientes, excepto la harina de garbanzos, en el procesador de alimentos o en la picadora, y trituramos hasta que la masa quede granulada, casi hecha puré.

- Echamos la masa a un bol y añadimos la harina. Removemos bien hasta que se haya integrado con el resto de la masa.

- Dejamos reposar en la nevera durante una hora como mínimo.

- Damos forma a nuestras   y las hacemos a la plancha durante 2-3 minutos por lado con la tapa puesta para que se hagan bien por dentro.

- Servimos con pan de hamburguesa, hojas verdes, tomate y la salsa que más nos guste.

NOTA: Después de darles forma, podemos congelarlas perfectamente. Eso sí, antes de cocinarlas, debemos dejar que se descongelen por completo.

Estofado de patatas y seitán

El mérito de esta receta no es mío, sino de mi madre, ya que es la versión vegana del estofado de patata que siempre preparaba en casa. Lo de las olivas tiene su sentido, y es que no podían faltar en la mesa cuando había estofado para comer.

Ingredientes
(4 raciones):
- 1 cebolla
- 3 ajos
- 150 g de pimiento rojo
- 250 g de seitán
- 150 g de setas shiitake
- 100 ml de vino blanco
- 1 lata de guisantes de 120 g
- 150 g de tomate triturado (de lata o natural)
- 1 l de caldo de verduras
- 900 g de patata blanca
- 1 cucharadita de pimentón de la Vera
- 1/4 cucharadita de comino en polvo
- 1/4 cucharadita de pimienta negra
- Sal
- Aceite de oliva

Elaboración:

• Cortamos el seitán en dados y lo salteamos en una sartén honda con un chorrito de aceite de oliva. Lo retiramos y lo reservamos en un plato.

• En una picadora ponemos la cebolla, el ajo y el pimiento rojo y picamos finamente.

• Echamos la picada en la sartén donde habíamos salteado previamente el seitán y pochamos las verduras a fuego medio. Si hubiera quedado poco aceite podemos añadir un poco más.

• Cuando estén pochadas las verduras, más o menos después de diez minutos, añadimos las setas shiitake cortadas en cuartos. Salteamos las setas con las verduras un par de minutos y añadimos el seitán, los guisantes y las especias.

• Seguidamente incorporamos el vino blanco y lo dejamos reducir.

• Añadimos ahora el tomate triturado y cocinamos a fuego bajo durante unos diez minutos.

• Mientras tanto pelamos las patatas y las troceamos en dados grandes. La forma de cortarlas es importante si queremos conseguir un caldo espeso. Para ello «escarchamos» o chascamos las patatas, es decir, no hacemos un corte limpio al trocearlas, sino que cortamos con el cuchillo hasta la mitad y luego arrancamos el trozo. De esta manera se liberará el almidón de la patata, que ayudará a espesar el guiso.

• Añadimos las patatas a la sartén, removemos e incorporamos el caldo de verduras. Cuando arranque a hervir, dejamos cocer las patatas durante unos veinte minutos (o hasta que estén tiernas).

• Podemos servir en el momento o dejar el guiso para el día siguiente que, como dice mi madre, estará más bueno.

NOTA: Si no tienes vino
blanco en casa para la reducción,
puedes usar en su lugar cerveza.

Risotto fácil de calabaza

Hacer un *risotto* nunca fue tan sencillo. La cremosidad y el sabor que le aporta la crema de calabaza hacen de esta receta una verdadera delicia. No te creerás que estás comiendo un plato 100% saludable.

Ingredientes
(2 raciones):
• *200 g de arroz integral*
• *120 g de champiñones Portobello*
• *1 ajo*
• *250 ml de crema de calabaza (ver receta en página 40)*
• *2 cucharadas de levadura nutricional o 2 cucharadas de parmesano vegano (ver receta en página 129)*
• *Cebollino picado*

Elaboración:

• Cocemos el arroz siguiendo las instrucciones del paquete. Si es un arroz integral puro, lo normal es hervirlo a fuego bajo con el triple de volumen de agua durante cuarenta minutos y con la tapadera puesta. Reservamos.

• Limpiamos los champiñones y los troceamos en láminas. Reservamos.

• Picamos el ajo y lo salteamos en una sartén con un chorrito de aceite de oliva con cuidado de que no se queme. Añadimos los champiñones, los salpimentamos y los salteamos durante un par de minutos.

• Añadimos el arroz cocido y removemos bien.

• Incorporamos la crema de calabaza caliente y las dos cucharadas de levadura nutricional y mezclamos. Apartamos del fuego y servimos con un poquito de cebollino fresco picado.

NOTA: Es mejor usar arroz integral para esta receta, ya que el grano tiene más cuerpo, pero si quisieras usar arroz blanco, hiérvelo sólo durante 10 minutos para evitar que se quede «pastoso» al acabar la receta.

Wok de fideos y verduras

Si hay un plato que nunca me canso de hacer es este. Con más
o menos verduras, pero siempre con el sello característico de las
especias, la salsa de soja y las setas shiitake. Te enamorará.

Ingredientes
(2 raciones):
- *1 cebolla fresca*
- *1 zanahoria*
- *1 trozo de
pimiento rojo*
- *100 g de setas
shiitake*
- *100 g de tofu
ahumado*
- *Unos ramilletes de
brócoli*
- *Un trozo pequeño
de col lombarda*
- *200 g de fideos
(de trigo, de arroz,
de trigo sarraceno...)*
- *100 ml de salsa
de soja o de tamari*
- *1/2 cucharadita
de jengibre en polvo*
- *Sal al gusto*
- *1/4 cucharadita
de pimienta negra*
- *2 cucharadas de
semillas de sésamo*
- *Aceite de oliva*

Elaboración:

• Cortamos a la juliana la cebolla, el pimiento rojo y la zanahoria. Lo reservamos.

• El tofu lo troceamos en dados no muy grandes y las setas en láminas. Lo reservamos también.

• Cortamos el brócoli en arbolitos muy pequeños. Desechamos el tronco para esta receta, pero lo podemos guardar para hacer caldo de verduras o para añadir a alguna cremita vegetal.

• La col lombarda también la cortamos a la juliana muy fina.

• En un *wok* ponemos un fondo de aceite de oliva y calentamos a fuego medio.

• Salteamos el tofu ahumado hasta que esté dorado. Lo sacamos y lo reservamos en un plato.

• Subimos un poco el fuego y echamos la cebolla, la zanahoria y el pimiento rojo.

• Salteamos removiendo de vez cuando durante 4-5 minutos.

• Añadimos el brócoli, las setas, la col lombarda, el sésamo y las especias. Cocinamos a fuego medio durante cinco minutos más.

• Cocemos los fideos siguiendo las instrucciones del fabricante, ya que dependiendo de la opción elegida tendrán una cocción u otra.

• Añadimos al *wok* los fideos, la salsa de soja y el tofu que teníamos reservado, y movemos para que todo se mezcle bien.

• Servimos caliente acompañado de más salsa de soja por si algún comensal quisiera darle un toque más intenso al plato.

NOTA: Si le añades
unos cacahuetes
tostados casi al final
del proceso te quedará
un plato redondo.

NOTA: Una vez cocinadas las albóndigas, puedes congelarlas para otro día. Después solo tendrás que descongelarlas a temperatura ambiente.

Albóndigas en salsa de tomate

¡Si estás leyendo estas líneas, estás de suerte! Has ido a parar ante la mejor receta de albóndigas vegetales que hayas visto nunca. La textura no puede ser más parecida a la de la carne y el sabor que tienen es brutal.

Ingredientes (4 raciones):

- 120 g de soja texturizada fina
- 500 ml de caldo de verduras
- 50 g de miga de pan
- 50 g de pan rallado
- 50 ml de bebida de soja sin edulcorar
- 2 ajos
- 15 g de perejil
- 1/2 cucharadita de sal
- 1/4 cucharadita de pimienta negra
- 1/2 cucharadita de pimentón de la Vera
- Harina de trigo para rebozar
- Salsa de tomates asados (ver receta en página 135)
- Aceite de oliva

Elaboración:

- En un bol ponemos la soja texturizada y la cubrimos con el caldo de verduras caliente. Dejamos que se hidrate durante 10-15 minutos.

- Escurrimos el exceso de líquido en un colador hasta que ya no caiga más caldo.

- Volvemos a poner la soja en el bol y añadimos el perejil y el ajo bien picados, la sal y la pimienta. Mezclamos bien.

- Mojamos la miga de pan con la leche de soja.

- Incorporamos el pan rallado y la miga de pan escurrida y volvemos a remover hasta que todo esté bien integrado. Si fuera necesario, podemos añadir un poco más de pan rallado hasta que veamos que la masa esté manejable.

- Damos forma a las albóndigas y las pasamos por harina.

- Ahora tenemos dos opciones: freírlas en abundante aceite de oliva caliente u hornearlas durante veinte minutos a 200 °C.

- Calentamos la salsa de tomate y añadimos las albóndigas. Removemos con cuidado de que no se rompan y dejamos que se cocine todo junto durante cinco minutos.

- Servimos con unas patatas horneadas.

81

Espaguetis con salsa de setas

No hace falta cargar de natas o de quesos los platos de pasta para que estos resulten deliciosos. Solo es cuestión de que las salsas con las que se sirvan estén llenas de sabor y cuerpo. En este caso, una buena dosis de setas y una pizca de espesante natural (maicena), son suficientes para convertirlo en un plato de diez.

Ingredientes
(4 raciones):
- *400 g de espaguetis integrales*
- *250 g de setas shiitake o cualquier otro tipo de seta fresca*
- *1 pizca de trufa rallada (opcional)*
- *400 ml de bebida de soja sin edulcorar*
- *30 g de nueces*
- *1 cucharada de levadura nutricional (opcional)*
- *1 ajo*
- *1 cucharadita de sal*
- *1 pizca de pimienta negra*
- *1 cucharadita de maicena*
- *Aceite de oliva*

Elaboración:

- Picamos el ajo y lo sofreímos con aceite de oliva en una sartén honda.

- Troceamos las setas en cuartos y las añadimos a la sartén. Salpimentamos y salteamos un par de minutos.

- Apartamos del fuego y lo ponemos en el procesador de alimentos junto con la bebida de soja, la maicena, las nueces, la levadura nutricional y la trufa rallada.

- Trituramos hasta que consigamos una salsa fina y sin grumos.

- Añadimos la salsa a la sartén donde habíamos cocinado antes las setas y la ponemos a fuego medio. Cuando empiece a hervir, cocinamos durante 3-4 minutos sin dejar de remover.

- Mientras tanto cocemos la pasta siguiendo las instrucciones del fabricante.

- Echamos la pasta en la sartén de la salsa y removemos para que se mezcle todo bien.

- Servimos rápido y bien caliente con unas nueces picadas por encima.

NOTA: Si la salsa quedara muy espesa, podemos añadirle un poquito de agua y al revés, si quedara muy líquida, añadimos un poquito más de maicena diluida en agua.

NOTA: Podemos usar cualquier otra harina para rebozar el «no-pescaíto» pero te animo a probar la de garbanzos, ya que le aporta una textura increíble.

«No-Pescaíto» frito

Quizás lo más difícil de conseguir para una persona que no consume alimentos de origen animal es imitar un plato de pescado. En esta ocasión he querido reproducir la típica japuta en adobo de mi tierra (Córdoba), y el resultado ha sido todo un éxito.

Ingredientes
(2 raciones):
- *250 g de tofu firme*
- *2 cucharaditas de pimentón dulce*
- *2 cucharaditas de orégano*
- *20 ml de vinagre de manzana o de vino*
- *1 cucharadita de sal*
- *2 ajos picados*
- *1 lámina de alga nori picada*
- *Unas ramitas de perejil fresco picadas*
- *Harina de garbanzo para rebozar*

Elaboración:

• Cortamos el tofu en trozos rectangulares de aproximadamente 1 cm de grosor.

• Ponemos los trozos en un bol y añadimos el resto de los ingredientes.

• Removemos bien y añadimos agua mineral hasta cubrir el tofu (unos 200 ml).

• Reservamos en la nevera durante veinticuatro horas para que así el tofu absorba bien el adobo. Podemos pinchar levemente con un palillo los trozos de tofu para que se impregnen aún más del mismo.

• Al día siguiente colamos el tofu (no importa que se hayan quedado pegados trocitos de alga nori o de ajo picado).

• Enharinamos el tofu. Para ello, yo recomiendo echar la harina y el tofu en una bolsa limpia y agitar hasta que se haya rebozado todo bien. Lo hacemos poco a poco y no todas las piezas de una vez.

• Freímos el «no-pescaíto» en abundante aceite de oliva bien caliente y lo sacamos sobre papel de cocina, el cual absorberá el exceso de aceite.

• Servimos caliente con una buena ensalada.

NOTA: El alga nori es la que se usa para hacer sushi y la podrás encontrar en cualquier supermercado.

Salteado agridulce de quinoa

Esta receta es muy sorprendente porque, aparte del sabor agridulce que tiene, las diferentes texturas que le aportan el edamame y los anacardos hacen de ella que sea muy agradable y divertida.

Ingredientes
(2 raciones):
- *1 taza de quinoa (200 g)*
- *150 g de edamame*
- *1 cebolla fresca*
- *70 g de pimiento rojo*
- *150 g de piña natural*
- *30 g de anacardos tostados*
- *2 cucharadas de salsa de soja*
- *Sal*
- *Aceite de oliva*

NOTA: Podemos sustituir el edamame por guisantes frescos

Elaboración:

- Lavamos la quinoa con ayuda de un colador muy fino. Este paso es muy importante ya que, si no lo hacemos, la quinoa amarga bastante.

- La escurrimos bien y la ponemos al fuego con el doble de agua y un poco de sal.

- Cuando arranque a hervir, bajamos el fuego, le ponemos la tapa y la cocemos durante quince minutos.

- Cocemos también el edamame en abundante agua hirviendo durante 3-4 minutos, lo escurrimos y, cuando se haya templado, lo desenvainamos con las manos. Lo reservamos.

- Troceamos la piña y la salteamos en una sartén tipo *wok* con un chorrito de aceite de oliva. La sacamos y la reservamos.

- Picamos la cebolla bien fina y la pochamos junto con el pimiento rojo en la misma sartén donde habíamos salteado la piña.

- Añadimos ahora la piña, los anacardos tostados, el edamame desenvainado y la salsa de soja o el tamari.

- Seguidamente, incorporamos la quinoa y removemos bien hasta que todos los ingredientes estén bien mezclados.

- Servimos caliente.

Shepard´s pie

El Shepard´s pie es un plato tradicional británico que consiste en una capa de carne recubierta de puré de patata. La opción vegana que os traigo en este libro es fantástica. He usado lentejas para convertir en 100% vegetal esta receta.

Ingredientes
(6 raciones):
- *1 cebolla*
- *1 trozo de pimiento rojo*
- *1 zanahoria grande*
- *1 calabacín*
- *200 g de champiñones*
- *1 tomate*
- *100 ml de vino blanco*
- *400 g de lentejas cocidas*
- *1 cucharadita de tomillo seco*
- *Sal*
- *Pimienta negra*
- *Aceite de oliva*

Para el puré:
- *900 g de patata limpia y sin piel*
- *200 ml de leche de soja*
- *100 ml de agua*
- *50 g de aceite de oliva*
- *Nuez moscada al gusto*
- *1 cucharadita de sal*
- *1 pizca de pimienta negra rebozar*

Elaboración:
- Picamos la cebolla y el pimiento muy menudos.

- Pochamos primero la cebolla en una sartén honda con aceite de oliva. Añadimos el pimiento rojo picado y seguimos cocinando.

- Rallamos la zanahoria y la incorporamos a la sartén.

- Mientras se pocha la verdura, troceamos el calabacín en dados muy pequeños. Añadimos al guiso.

- Limpiamos bien los champiñones y los cortamos en láminas. Los incorporamos a la sartén, salpimentamos y añadimos el tomillo seco. Salteamos un par de minutos.

- Echamos el vino blanco y dejamos reducir unos minutos.

- Añadimos el tomate bien picado y las lentejas cocidas y lo dejamos cocinar a fuego medio durante 10 minutos más.

- Echamos nuestro guiso de lentejas en una fuente honda apta de horno y lo distribuimos de forma homogénea apretando un poco para que quede bien compacto.

- Precalentamos el horno a 200 °C.

- Para el puré de patatas troceamos las mismas y las ponemos junto con el resto de los ingredientes en un cazo. Llevamos a ebullición y cocinamos a fuego medio-bajo hasta que la patata esté tierna.

- Apartamos del fuego y chafamos todo con ayuda de un pasapurés o un tenedor.

- Ponemos el puré encima del guiso de lentejas de forma que quede bien repartido y horneamos 10 minutos a 200 °C.

- Servimos bien caliente.

DULCES Y *SNACKS*

(para alegrar el alma)

Muffins de arándanos

Cuando le di a probar uno de estos *muffins* a mi hijo y lo devoró en un segundo, supe que la receta había sido todo un éxito. Él es mi mejor catador.

Ingredientes
(12 *muffins*):
- *300 g harina de espelta*
- *1 cucharada de levadura en polvo*
- *1/2 cucharadita de bicarbonato de sodio*
- *100 g de panela o de azúcar integral*
- *1/2 cucharadita de canela en polvo*
- *1/4 cucharadita de sal*
- *La ralladura de 1/2 limón*
- *200 g de compota de manzana*
- *70 g de aceite de oliva suave*
- *120 ml de leche de soja*
- *1/2 cucharadita de vinagre de manzana (opcional)*
- *100 g de arándanos frescos*

Elaboración:
- Precalentamos el horno a 200 °C.

- En un bol mezclamos los ingredientes secos, es decir, la harina, la levadura, el bicarbonato, la canela, la sal y la panela.

- En otro bol echamos los húmedos (aceite de oliva, leche de soja, ralladura de limón, vinagre y compota de manzana) y los batimos bien con unas varillas.

- Incorporamos los ingredientes secos mientras mezclamos con las varillas.

- Terminamos de mezclar la masa con ayuda de una espátula de silicona.

- Añadimos los arándanos y movemos para que se distribuyan por toda la masa.

- Repartimos en doce moldes. Lo más fácil es hacerlo con una cuchara de helado.

- Horneamos a 180 °C durante treinta minutos.

- Para asegurarnos de que nuestros *muffins* están listos, los pinchamos con un palillo y, si este sale seco, es que ya están hechos.

NOTA: Como siempre, te recomiendo que primero hagas la receta tal cual, pero una vez que hayas probado la original, puedes incorporar variaciones como por ejemplo *chips* de chocolate en vez de arándanos, harina de trigo en vez de harina de espelta...

NOTA: Esta receta se puede personalizar al gusto de cada uno. Si no queremos usar anacardos, podemos añadir avellanas. También podemos cambiar, por ejemplo, el chocolate por un puñado de pasas o las semillas de girasol por almendras.

Granola de naranja y chocolate

La granola (o muesli) es de esos *snacks* que nos salvan la vida entre horas evitando tener que recurrir a procesados. Un simple puñadito nos ayudará a remontar cuando tenemos las pilas a punto de agotarse. Podemos consumirlo tal cual, con yogur natural o con la bebida vegetal que más nos guste.

Ingredientes:
- *2 tazas de copos de avena gruesos*
- *1 taza de nueces troceadas*
- *1 taza de anacardos troceados*
- *1/2 taza de semillas de calabaza*
- *1/2 taza de semillas de girasol*
- *50 g de chocolate negro*
- *1/3 taza de aceite de coco*
- *1/2 taza de sirope de agave (o el endulzante que prefiráis)*
- *1 cucharadita de canela en polvo*
- *La ralladura de 1 naranja*
- *El zumo de 1/2 naranja*

Elaboración:
- Precalentamos el horno a 180 °C.
- En un bol, mezclamos los copos de avena con los frutos secos y las semillas.
- Ponemos al fuego una cacerola con el aceite de coco, el sirope, la ralladura de naranja, el zumo de naranja y la canela. Calentamos hasta que todo esté bien integrado pero sin que llegue a hervir.
- Vertemos la mezcla líquida sobre los ingredientes que teníamos reservados en el bol y removemos bien.
- Ponemos papel de hornear sobre la bandeja de horno y echamos por encima nuestra mezcla.
- Horneamos a 160 °C durante treinta minutos removiendo cada diez para que se haga bien por todos lados.
- Sacamos la granola del horno y la dejamos enfriar a temperatura ambiente.
- Añadimos el chocolate negro bien troceado cuando aún no se haya enfriado del todo y removemos.
- Guardamos en botes de cristal herméticos y conservamos durante 3-4 semanas en un lugar fresco y seco. Si lo guardamos en el frigorífico conseguiremos una granola extra-crujiente.

POSTRES

«Nutella» casera

Esta receta te va a enamorar. Sobre todo, encandilará a los más golosos, ya que es la versión *healthy* de la Nutella de toda la vida. Es tan fácil de hacer y queda tan deliciosa, que ya estás tardando en ir a comprar los ingredientes para hacerla.

Ingredientes:
- *70 g de cacao puro en polvo*
- *200 g de avellanas tostadas*
- *50 g de aceite de coco*
- *50 g de aceite de oliva*
- *100 g de sirope de agave (o cualquier otro endulzante)*
- *150 ml de bebida de soja*
- *Unas gotas de esencia de vainilla (opcional)*
- *1 pizca de sal*

Elaboración:

• Para preparar nuestra «Nutella» casera, lo único que tenemos que hacer es colocar todos los ingredientes en el procesador de alimentos o en el vaso de la batidora y triturar hasta conseguir una crema fina.

• Guardamos el resultado en botes de cristal en la nevera hasta dos semanas.

NOTA: Aunque tenga algo de azúcar añadida, esta siempre será una opción más saludable que las que podemos encontrar en el supermercado.

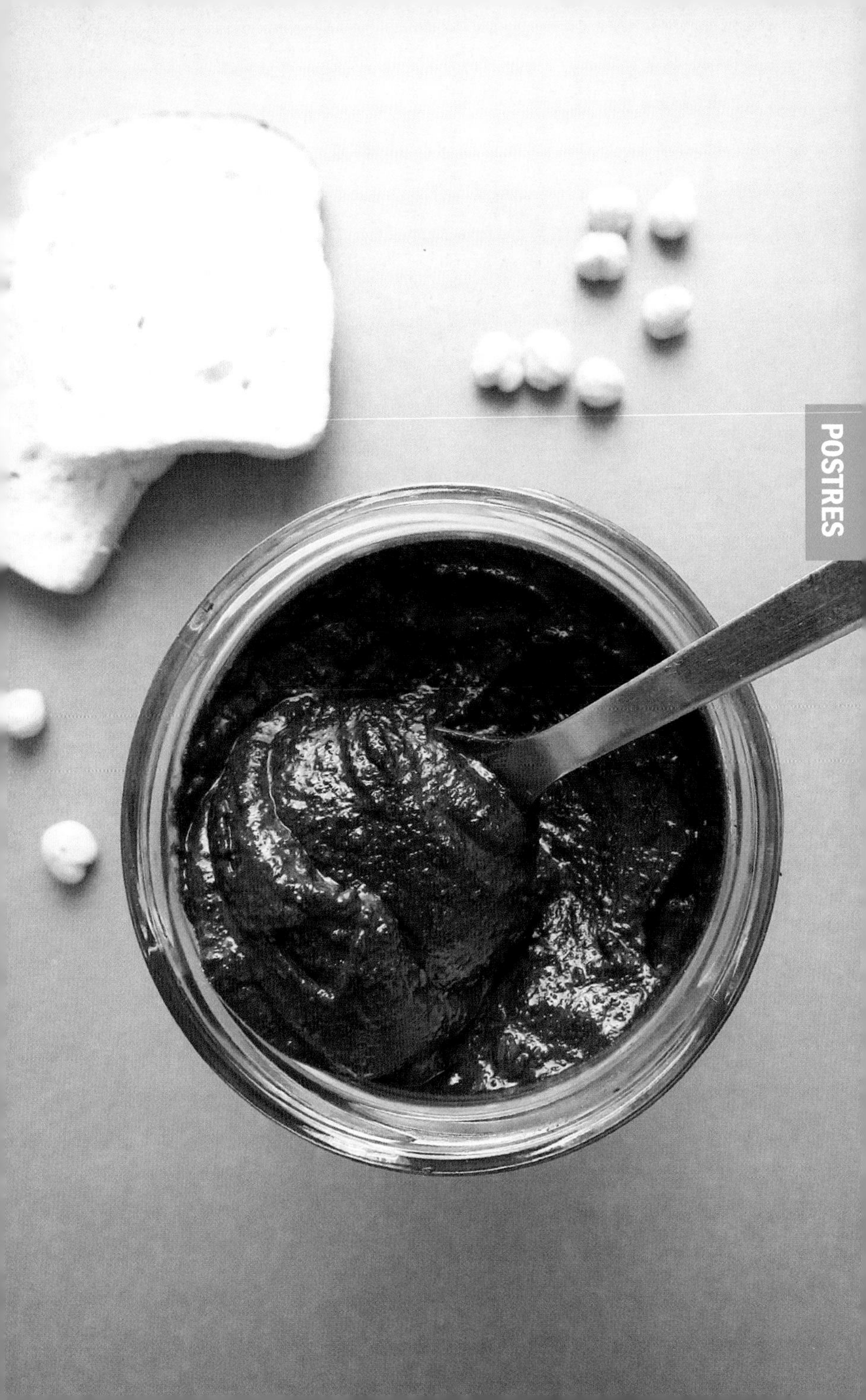

Pastel frío de lima y aguacate

Esta es quizás la receta dulce más refrescante de todo el libro. Es también muy energética, puesto que está compuesta mayormente por frutos secos, pero todas las grasas habidas en ella son de buenísima calidad.

Ingredientes
(12 raciones):

Para la base:
- *100 g de almendras*
- *100 g de nueces*
- *130 g de dátiles*
- *2 cucharadas de aceite de coco*

Para el relleno:
- *300 g de anacardos crudos*
- *La ralladura de 3 limas y el zumo de estas.*
- *1 aguacate*
- *140 g de sirope de agave*
- *2 cucharadas de aceite de coco*

NOTA: Es un pastel que no necesita horno ni cocción para su ejecución.

Elaboración:
- Ponemos en remojo los anacardos mínimo cuatro horas antes de hacer el pastel.

- Echamos todos los ingredientes de la base en el procesador de alimentos o en la picadora y trituramos hasta que consigamos tener una pasta.

- En un molde redondo de 26 cm de diámetro aproximadamente, distribuimos la pasta de la base prensándola bien con una cuchara (o con las propias manos bien limpias). Debe quedar bien repartida y bien compacta. Reservamos en el congelador.

- Ahora elaboramos el relleno. Colamos los anacardos desechando toda el agua y los echamos en el procesador junto con el resto de ingredientes.

- Trituramos bien para adquirir una *mousse* bien homogénea y sin grumos.

- Echamos la *mousse* sobre la base que teníamos reservada en el congelador y la repartimos bien con ayuda de una cuchara. La decoramos con unas rodajas de lima.

- La guardamos en el congelador durante un par de horas o tres para que se solidifique y podamos desmoldarla sin problemas.

- La sacamos del congelador y la desmoldamos. Esperamos unos veinte minutos antes de cortarla para que coja la textura ideal, que es recién descongelada.

Petit suisse de fresa

Con esta versión de los Petit suisses 100% vegetales y libres de azúcares añadidos, tenemos solucionados los postres y las meriendas de los más peques, y ¿por qué no?, de los adultos más golosos.

Ingredientes
(4 raciones):
- *150 g de anacardos crudos*
- *1 lata de leche de coco (400 ml)*
- *100 g de fresas*
- *8 dátiles naturales o 4 dátiles medjoul*

Elaboración:

• Dejamos en remojo los anacardos como mínimo cuatro horas antes de preparar nuestros Petit suisses. Es recomendable remojar también los dátiles durante una hora.

• Colamos los anacardos y los dátiles desechando el agua por completo.

• En un procesador de alimentos ponemos todos los ingredientes y trituramos hasta conseguir una cremita fina y homogénea.

• Repartimos el resultado en ocho tarritos y los refrigeramos durante dos horas antes de consumirlos.

NOTA: Está más rico un par de días después de haberlo preparado.

NOTA: No tengas miedo a usar aguacate en recetas dulces. No aporta sabor, pero sí una cremosidad y textura espectaculares.

Mousse rápida de cacao

Esta receta lleva tan solo cuatro ingredientes, pero no le hace falta ninguno más porque así tal cual ya es un tesoro. Su sabor y textura me recuerdan a la tradicional copa de chocolate de una conocida marca de postres, pero con la diferencia de que esta *mousse* es 100% vegetal y 100% saludable.

Ingredientes
(4 raciones):
- *400 ml de leche de coco de lata*
- *1 aguacate*
- *4 dátiles medjoul*
- *4 cucharadas de cacao puro en polvo*

Elaboración:
- Ponemos todos los ingredientes en un procesador de alimentos o en el vaso de la batidora.

- Trituramos hasta conseguir una *mousse* fina y sin grumos.

- Repartimos la *mousse* en cuatro vasitos y refrigeramos durante mínimo dos horas.

- Decoramos nuestra *mousse* con unas frambuesas naturales y unos *chips* de coco.

- Servimos bien fría.

Nota: La leche de coco (la que normalmente viene en lata) es un líquido muy cremoso y versátil que se obtiene triturando y prensando la pulpa madura del coco. Si quieres saber cómo hacer nata a partir de una lata de leche de coco, mira en la página 140 de este libro.

Bizcocho de limón

Necesitaba conseguir una receta de bizcocho que me transportara a mi infancia, pero no es tarea fácil que un bizcocho vegano tenga la esponjosidad del tradicional. Me costó varios intentos lograr la receta perfecta, pero lo conseguí.

Ingredientes
(8 raciones):
- 250 g de harina de trigo
- 50 g de maicena
- 150 g de panela
- 1 cucharada de levadura química
- 1 cucharadita de bicarbonato
- 1 pizca de sal
- 250 ml de bebida de soja sin edulcorar
- 10 ml de zumo de limón
- 70 g de aceite de oliva
- 1 cucharadita de vinagre de manzana
- La ralladura de un limón

Elaboración:

- Precalentamos el horno a 200 °C.

- A continuación, batimos los ingredientes líquidos (la bebida de soja, el vinagre de manzana, el aceite de oliva y el zumo de limón) y echamos el resultado en un bol grande.

- En otro bol ponemos el resto de los ingredientes y los removemos bien.

- Añadimos los ingredientes secos al bol de los líquidos mezclando poco a poco con unas varillas. Dejamos las varillas y terminamos de mezclar con una lengua de silicona y con movimientos envolventes.

- Engrasamos un molde de aproximadamente 1 litro de capacidad y echamos la masa en él.

- Horneamos durante 40 minutos a 180 °C. Antes de sacarlo del horno lo pinchamos con un palillo para asegurarnos de que está hecho. Si sale seco es que ya está; si no, lo dejamos unos minutos más.

- Después de sacarlo del horno, esperamos a desmoldarlo unos 10-15 minutos. Una vez desmoldado, lo dejamos enfriar encima de una rejilla a temperatura ambiente.

NOTA: Podemos usar otro tipo de bebida vegetal para hacer la receta, e incluso otro tipo de endulzante, pero recomiendo que se pruebe a hacer tal cual la primera vez y luego ya se introduzcan las posibles modificaciones personales.

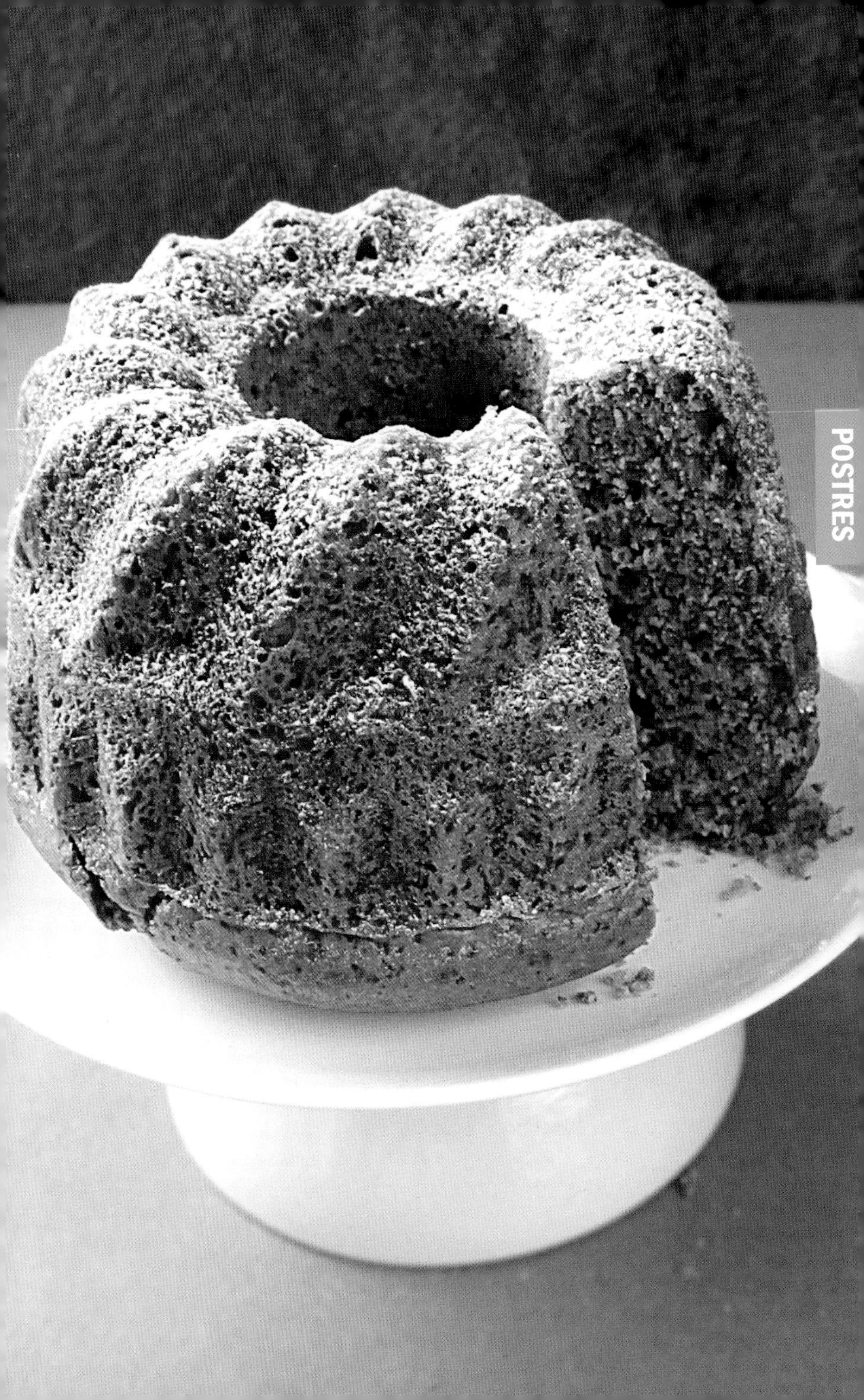

Palomitas al cacao

Si te apetece probar una forma diferente de comer palomitas de maíz, y encima asegurarte de que estás haciéndolo de una forma saludable, no pases de página y mira esta receta. Los más peques de la casa te lo agradecerán.

Ingredientes
(4 raciones):
- *1/2 taza de maíz seco*
- *2 cucharadas de aceite de oliva*
- *2 cucharadas de cacao puro en polvo*
- *1 cucharada de sirope de agave*
- *1 pizca de sal*

Elaboración:

- En una sartén honda, echamos el aceite de oliva y la ponemos al fuego.

- Cuando esté caliente, añadimos los granos de maíz y la tapamos dejando que se escape algo de vapor. Bajamos el fuego al nivel medio.

- Poco a poco comenzaremos a escuchar las pequeñas explosiones de los granos de maíz. Eso es buena señal.

- Cuando ya no escuchemos casi ninguna explosión más, retiramos del fuego y quitamos la tapa. Pasamos las palomitas aún calientes a un bol y añadimos la pizca de sal, el cacao y el sirope de agave.

- Removemos muy bien para que todas las palomitas queden impregnadas del cacao y del sirope.

- Podemos servir inmediatamente o consumirlas hasta dos días después.

NOTA: Si te gusta el coco, puedes sustituir el aceite de oliva por el de coco y añadir, junto con el cacao, el sirope y la sal, una cucharada de coco rallado.

Carrot cake con frosting de coco

Podría decirse que el *carrot cake* es de mis postres favoritos, de hecho cada vez que voy a un restaurante y lo tienen en la carta, me pido un trozo. Me sorprendió mucho el *frosting* de coco del *carrot cake* que sirven en el restaurante Teresa Carles (en Barcelona), por lo que he querido que mi propia versión esté coronada con él.

Ingredientes (12 raciones):
- *300 g de zanahorias*
- *200 ml leche de soja*
- *La ralladura de 1 naranja*
- *25 ml de zumo de naranja*
- *200 g de panela (o de azúcar moreno)*
- *150 g de aceite de oliva*
- *320 g de harina de trigo integral*
- *1/2 cucharadita de bicarbonato*
- *1 cucharada de levadura química*
- *1 cucharadita canela*
- *1 cucharadita de vinagre*
- *1/2 cucharadita de nuez moscada*
- *1 cucharadita de esencia de vainilla (opcional)*
- *Una pizca de sal*
- *100 g de nueces*

Para el *frosting* de coco:
- *400 ml de leche de coco de lata*
- *50 g de sirope de agave*
- *30 g de maicena*
- *Un puñado de pistachos para decorar*

Elaboración:

• Precalentamos el horno a 200 °C.

• Lavamos bien las zanahorias y las rallamos con mucho cuidado de no cortarnos.

• En un bol mezclamos todos los ingredientes secos, es decir, la harina integral, la panela, el bicarbonato, la levadura, la canela, la nuez moscada y la pizca de sal.

• En otro bol echamos los húmedos: la ralladura de naranja, el zumo, el vinagre, la bebida de soja, el aceite de oliva, las zanahorias ralladas y la esencia de vainilla. Batimos con unas varillas.

• Incorporamos la mezcla de los secos al bol de los húmedos y mezclamos bien con ayuda de unas varillas hasta que esté todo bien integrado. Añadimos las nueces picaditas y volvemos a mezclar con movimientos envolventes.

• Engrasamos un molde de horno de aproximadamente 1,3 l de capacidad y echamos la masa en él.

• Lo introducimos en el horno y bajamos la temperatura a 180 °C.

• Horneamos nuestro carrot cake durante una

hora. Para saber si está hecho pinchamos el pastel con un palillo largo y, si sale seco, es que ya está listo; si no, lo dejamos unos minutos más.

• Lo sacamos del horno y lo dejamos templar durante 15-20 minutos.

• Desmoldamos el *carrot cake* y lo reservamos sobre una rejilla para evitar que se recueza con su propio calor.

• Para preparar el *frosting* ponemos la leche de coco en un cazo con el agave y la llevamos a ebullición.

• Diluimos la maicena en un poco de agua e incorporamos la mezcla en el cazo, cuyo contenido ya estará hirviendo. Dejamos que se cocine a fuego medio-bajo unos minutos sin dejar de remover.

• Apartamos el *frosting* del fuego y lo dejamos templar un par de minutos.

• Removemos para deshacer la película que se habrá creado en la parte de arriba y repartimos el *frosting* sobre el *carrot cake* de manera que no se derrame por los lados. Yo recomiendo ir poniéndolo poco a poco.

• Decoramos con unos pistachos picados.

• Lo guardamos en la nevera hasta el momento de consumirlo.

NOTA: La combinación de la naranja con la zanahoria, hacen que este dulce sea muy especial.

NOTA: Si eres atrevido, te animo a añadirle media cucharadita de jengibre en polvo a la masa.

CURIOSIDAD: El carrot cake es un símbolo de la repostería tradicional norteamericana y británica.

Mermelada de frutos rojos sin azúcar

La opción más *healthy* para disfrutar de una buena mermelada casera la tienes a continuación. Es tan sencilla de hacer y queda tan rica, que te olvidarás de que estás comiendo mermelada sin azúcar.

Ingredientes:
- *400 g de fresas*
- *100 g de arándanos frescos*
- *1 manzana*
- *El zumo de medio limón*
- *1/2 cucharadita de canela en polvo*
- *3 cucharadas de semillas de chía*

Elaboración:

- Picamos las fresas y la manzana en trozos bien menudos y los ponemos en una cacerola.

- Añadimos los arándanos, el zumo de limón y la canela.

- Lo ponemos en el fuego y, cuando empiece a hervir, bajamos la intensidad.

- Cocinamos durante cuarenta minutos a fuego medio-bajo removiendo de vez en cuando.

- Antes de apagar el fuego, incorporamos las semillas de chía y mezclamos.

- Retiramos del fuego, pero seguimos removiendo para que las semillas se distribuyan bien.

- Dejamos templar nuestra mermelada y la guardamos en un par de botes herméticos y esterilizados.

- La podemos conservar durante un par de semanas en la nevera.

NOTA: La canela sumará sabor y dulzor a esta mermelada tan ligera.

Tiramisú a mi estilo

Os confieso que es la receta que más respeto me ha dado hacer para este libro, pero ha resultado ser la que más alegría me ha reportado. Después de varios intentos, he conseguido dar con una versión tan parecida a la original que nadie notará la diferencia.

Ingredientes (10 raciones):
- 250 g de harina de trigo
- 50 g de maicena
- 130 g de panela
- 1 cucharada de levadura química
- 1 cucharadita de bicarbonato
- 1 pizca de sal
- 250 ml de bebida de soja sin edulcorar
- Unas gotas de esencia de vainilla
- 70 g de aceite de oliva
- 1 cucharadita de vinagre de manzana

Para el mascarpone de anacardos:
- 3 latas de leche de coco
- 200 g de anacardos crudos
- 3 cucharadas de sirope de agave

Otros:
- 3 cucharadas de cacao en polvo sin edulcorar
- 250 ml de café expreso + 1 cucharada de panela

Elaboración:

• Para hacer esta receta debemos planear su ejecución, ya que vamos a ser nosotros mismos quienes fabriquemos el bizcocho y la crema mascarpone. Por tanto, es necesario que, por un lado, el bizcocho se enfríe para poder trabajarlo después, y la crema también coja cuerpo tras un rato en la nevera.

• Las latas de leche de coco deben haber estado un par de días como mínimo en la nevera, ya que de esta forma conseguiremos que se separe la parte sólida (nata), que es la que usaremos para nuestra receta, de la parte líquida. Dejaremos también en remojo desde la noche anterior los anacardos.

• Para hacer el bizcocho lo primero que hacemos es precalentar el horno a 200 °C.

• A continuación, mezclamos los ingredientes líquidos (la bebida de soja, la esencia de vainilla, el vinagre de manzana y el aceite de oliva) en un bol grande hasta que se integre todo bien.

• En otro bol ponemos el resto de los ingredientes y los removemos bien.

• Añadimos los secos al bol de los líquidos mezclando poco a poco con unas varillas.

• Engrasamos un molde rectangular de 20x26cm, aproximadamente, y echamos la masa en él.

• Horneamos durante cuarenta minutos a 180 °C. Antes de sacarlo del horno lo pinchamos con un palillo para asegurarnos de que está hecho. Si sale seco es que ya está; si no, lo dejamos unos minutos más.

• Después de sacarlo del horno, esperamos a desmoldarlo unos 10-15 minutos y, una vez desmoldado, lo dejamos enfriar encima de una rejilla a temperatura ambiente.

• Para hacer la crema mascarpone colamos los anacardos desechando el agua del remojo y los ponemos en el procesador de alimentos o en el vaso de la batidora.

• Añadimos el sirope de agave.

• Abrimos las latas de leche de coco y, con ayuda de un cuchillo, hacemos un agujero en el centro para poder dejar escapar a través de él el agua de coco. Sacamos la nata de coco con una cuchara y la incorporamos al procesador o al vaso de la batidora.

• Trituramos bien hasta que consigamos tener una crema homogénea. Guardamos el mascarpone en la nevera durante al menos una hora.

• Abrimos por la mitad el bizcocho (si hubiera quedado muy alto, podemos abrirlo en tres partes) y lo empapamos con la mitad del café. Podemos cortar la plancha de bizcocho en tres o cuatro partes para que nos sea más fácil trabajarlo.

• Colocamos el bizcocho empapado de café en un molde o en una bandeja grande.

• Ponemos por encima de este la mitad del mascarpone extendiéndolo bien con ayuda de una paleta de silicona. Echamos por encima una cucharada de cacao sirviéndonos para ello de un colador pequeño.

• Empapamos el resto de bizcocho con lo que queda de café y lo colocamos sobre el mascarpone. Repetimos la operación y acabamos con un par de cucharadas de cacao en polvo.

• Conservamos nuestro tiramisú en la nevera hasta cuatro días.

• Antes de servirlo, lo dejamos atemperar fuera de la misma durante unos minutos.

NOTA: Los anacardos crudos remojados y posteriormente triturados, hacen las veces de «queso crema» en la mayoría de las recetas veganas.

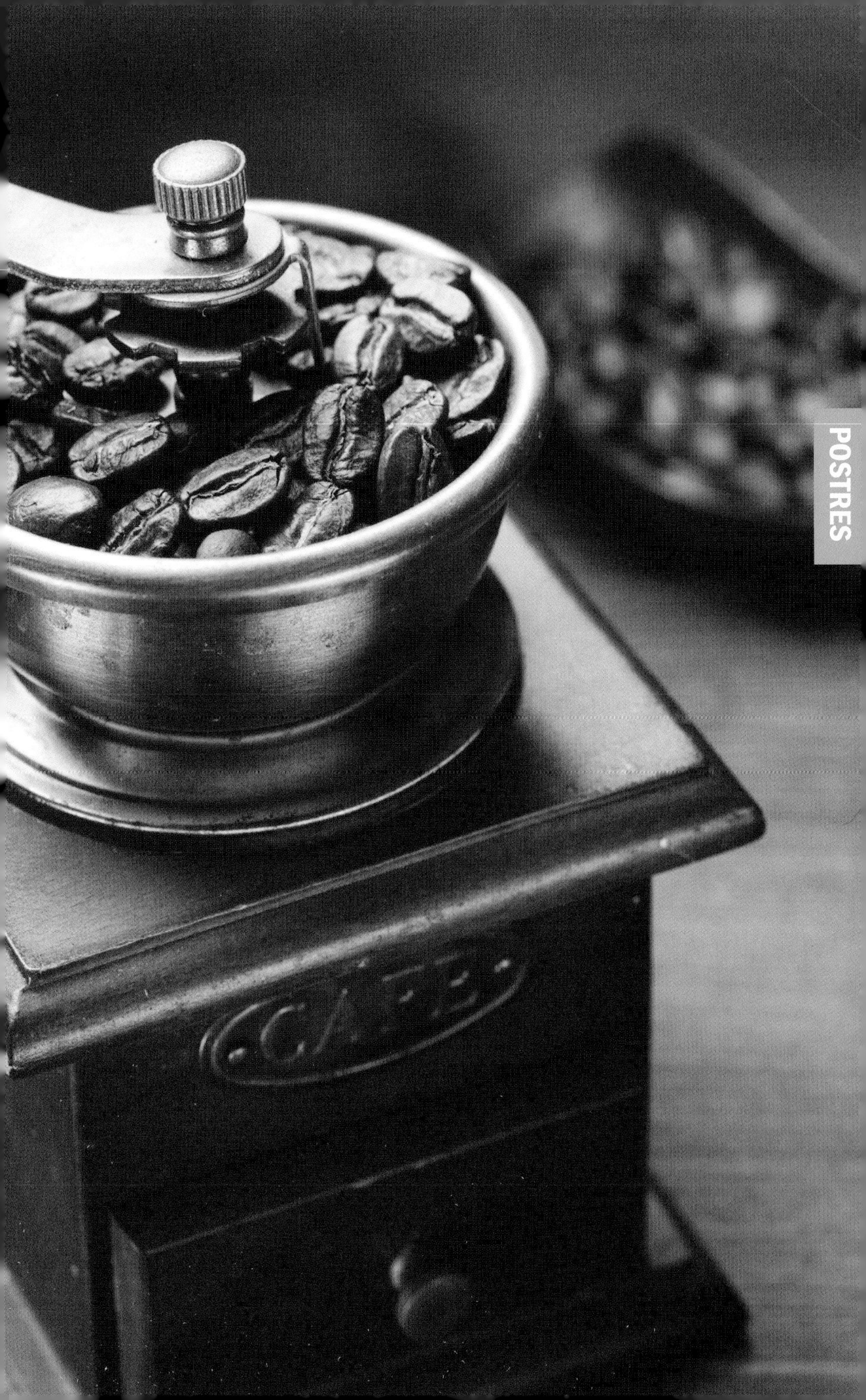

Bizcocho de calabaza
y cacao

Delicioso y esponjoso queda este bizcocho gracias al toque que le aporta la calabaza. Necesita muy poco azúcar, con lo cual conseguimos un *snack*, postre o desayuno muy *healthy*.

Ingredientes:

- *200 g de harina de avena*
- *60 g de maicena*
- *40 g de cacao puro en polvo*
- *80 g de panela*
- *1 cucharada (10 g) de levadura química en polvo*
- *1 pizca de sal*
- *1/2 cucharadita de canela en polvo*
- *120 g de calabaza rallada*
- *250 ml de leche de soja*
- *40 g de aceite de oliva*
- *Un puñado de avellanas picadas*

Elaboración:

- En primer lugar, precalentamos el horno a 180 °C.

- Mezclamos en un bol los ingredientes secos, es decir, la harina de avena, la maicena, el cacao, la panela, la levadura, la sal y la canela.

- A continuación, incorporamos al bol los ingredientes húmedos (el aceite, la leche de soja y la calabaza rallada), que previamente habremos mezclado, integrándolos con ayuda de unas varillas.

- Engrasamos un molde de aproximadamente 1,3 l de capacidad y vertemos la masa en él.

- La coronamos con unas avellanas picadas.

- Horneamos a 180 °C durante 35-40 minutos (o hasta que al pincharlo con un palillo, este salga seco).

- Lo sacamos del horno y lo dejamos templar.

- Desmoldamos nuestro bizcocho y lo ponemos sobre una rejilla para que termine de enfriarse.

- Servimos con una bola de helado de vainilla.

NOTA: Si nos aseguramos de usar avena certificada sin gluten, es un bizcocho perfectamente apto para celiacos e intolerantes al mismo. Otra opción para hacerlo *gluten free* sería cambiar la harina de avena por harina de arroz.

Natillas de té matcha

El matcha es un té muy rico en antioxidantes, ya que, al consumir la hoja en polvo, estamos ingiriendo una gran cantidad del mismo. Una curiosidad es que tiene la capacidad de aportar vitalidad a nuestro organismo actuando de manera natural a la hora de darnos esa energía.

Ingredientes (4 raciones):
Para las natillas:
- *250 g de tofu sedoso*
- *100 g de anacardos crudos*
- *2 cucharadas de sirope de agave (o cualquier otro endulzante)*
- *130 ml de bebida de soja*
- *2 cucharadas de té matcha*
- *1 cucharada de aceite de coco*

Para la base:
- *10 galletas tipo María u 8 tipo Digestive*
- *1 cucharada de aceite de coco derretido*

Toppings:
- *4 frambuesas naturales (opcional)*
- *Nibs de cacao (opcional)*

Elaboración:

• Unas tres horas antes de hacer las natillas debemos poner en remojo los anacardos.

• Pasado el tiempo los colamos desechando el agua por completo.

• Ponemos todos los ingredientes de las natillas en un procesador de alimentos o en el vaso de la batidora y trituramos hasta conseguir una crema fina. Lo reservamos.

• Picamos las galletas junto con el aceite de coco hasta que queden bien trituradas y repartimos la mezcla en cuatro vasitos.

• Presionamos bien para que la base quede bien compacta.

• A continuación, echamos las natillas en los cuatro vasitos y refrigeramos durante unas dos horas antes de consumirlas.

• Decoramos las natillas con unas frambuesas naturales y unos nibs de cacao.

• Servimos bien fría.

NOTA: Los *toppings* los podemos variar al gusto. Otras ideas podrían ser nueces picadas, *chips* de coco, chocolate picado, fresas...

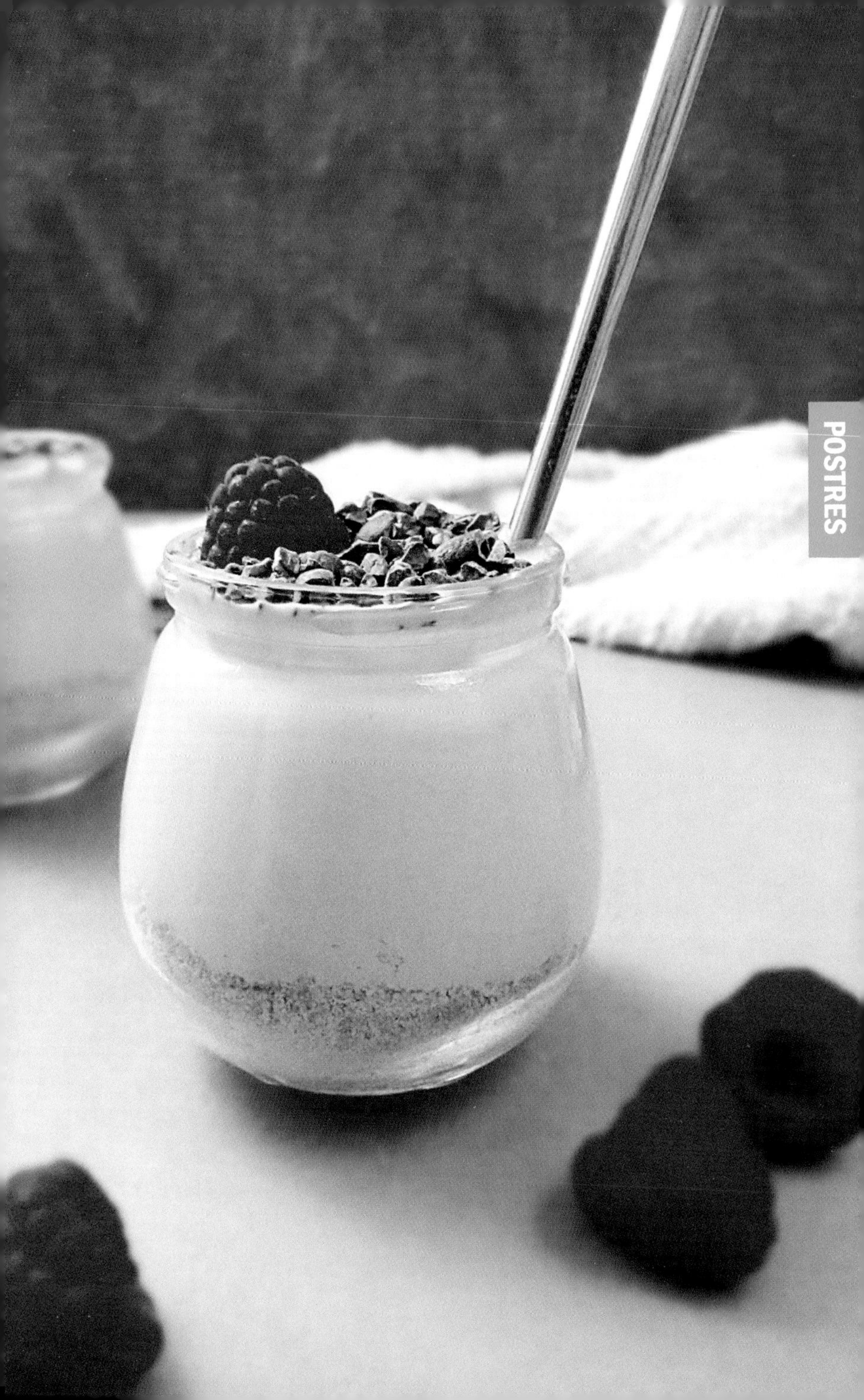

RECETAS BÁSICAS

(Viene bien tenerlas a mano)

Guacamole

Ingredientes:

- 2 aguacates maduros
- 1 tomate pequeño
- 1 cebolla fresca pequeña
- Unas ramitas de cilantro fresco
- Zumo de 1/2 lima
- Sal y pimienta al gusto
- 1 cucharadita de aceite oliva

Elaboración:

- Abrimos los aguacates, les sacamos la carne y los machacamos con un tenedor.

- Picamos bien fino el tomate, la cebolla y el cilantro y lo añadimos al aguacate machacado.

- Lo salpimentamos y le echamos el zumo de lima y el aceite de oliva por encima.

- Mezclamos bien y servimos con unos nachos.

NOTA: El aceite de oliva es un añadido muy español, pero que le va realmente bien.

Hummus clásico

Ingredientes:
- 400 g de garbanzos cocidos
- 1 diente de ajo (si es asado, mejor)
- 60 ml de agua
- 50 g de aceite de oliva
- 1 chorrito de limón
- 3 cucharadas de sésamo tostado o 2 cucharadas de tahín
- 1/2 cucharadita de sal
- 1/2 cucharadita de comino molido

Elaboración:

- Ponemos todos los ingredientes en el procesador de alimentos o en el vaso de la batidora y trituramos hasta que no haya ningún grumo.

- Echamos nuestro *hummus* en el recipiente en el que vayamos a servirlo, le añadimos un chorrito de aceite de oliva por encima y lo espolvoreamos con pimentón de la Vera.

NOTA: El *hummus* clásico, con mi toque indispensable de comino, seguirá siendo siempre mi favorito.

Salsa verde

Ingredientes:
- 100 g de perejil
- 100 ml de aceite de oliva
- 4 ajos
- 2 cucharadas de frutos secos picados
- El zumo de 1/2 limón
- 1 cucharadita de orégano
- 1 cucharadita de tomillo
- 1/2 cucharadita de sal
- 1 pizca de pimienta negra

Elaboración:

• Picamos el ajo y el perejil con la ayuda de una picadora.

• Lo ponemos en una sartén junto con los demás ingredientes y calentamos a fuego mínimo, sin que llegue a hervir en ningún momento, durante cinco minutos.

• Embotamos nuestra salsa y la dejamos enfriar por completo antes de guardarla en la nevera.

• Aguanta un mes refrigerada.

NOTA: Esta salsa es genial para saltear legumbres cocidas, para darle un toque diferente al seitán a la plancha o para salsear unas patatas asadas.

Salsa pesto

Ingredientes:
- *20 hojas de albahaca*
- *50 ml de aceite oliva*
- *1 ajo*
- *30 g de piñones*
- *1/2 cucharadita de sal*
- *Un chorrito de agua*

Elaboración:

• Ponemos todos los ingredientes en el procesador de alimentos y trituramos hasta que quede una salsa sin grumos.

• La conservamos en un tarro de cristal en la nevera hasta dos semanas.

NOTA: Como más me gusta la salsa pesto es mezclada con unos buenos macarrones integrales.

Mayonesa de soja

Ingredientes:
- 50 ml de bebida de soja sin edulcorar
- 100 ml de aceite de girasol
- 1/2 cucharadita de sal
- 1 chorrito de limón

Elaboración:

- Ponemos todos los ingredientes, excepto el limón, en el vaso de la batidora y batimos a velocidad baja sin levantar el brazo de la batidora.

- Una vez que esté todo integrado, añadimos el chorrito de limón levantando poco a poco el brazo de la batidora. Irá espesando poco a poco.

- Podemos personalizarla a partir de esta base añadiéndole, por ejemplo, un diente de ajo o una cucharadita de pasta wasabi.

NOTA: Puedes conservar la mayonesa durante dos o tres días en la nevera.

Salsa cremosa de coliflor

Ingredientes:
- *250 g de coliflor*
- *2 ajos*
- *350 ml de leche de soja sin edulcorar*
- *2 cucharadas de levadura nutricional o de levadura de cerveza*
- *1 chorrito de limón*
- *1 puñado de nueces o de anacardos*
- *2 cucharadas de aceite de oliva*
- *1 cucharadita de orégano*
- *2 cucharadas de aceite de oliva*
- *Sal y pimienta al gusto*

Elaboración:

- Cortamos los ajos en láminas y los sofreímos en una cacerola con cuidado de que no se quemen.

- Cuando se hayan dorado un poco, incorporamos la leche de soja, la coliflor troceada y lavada, las nueces (o anacardos) la sal y la pimienta.

- Llevamos a ebullición y cocemos 7-8 minutos a fuego lento con la tapa puesta.

- Apartamos del fuego e incorporamos la levadura nutricional, el orégano y el chorrito de limón.

- Trituramos todo bien, de manera que quede una salsa fina y cremosa.

- Es una salsa estupenda para pasta.

Parmesano de anacardos

Ingredientes:
- *100 g de anacardos crudos*
- *4 cucharadas de levadura nutricional*
- *1/2 cucharadita de sal*

Elaboración:

- Picamos muy finamente los anacardos en el procesador de alimentos o en una picadora. Debe quedar casi convertido en polvo.

- Incorporamos la levadura y la sal y volvemos a picar hasta que se mezclen bien todos los ingredientes.

- Este parmesano es ideal para aderezar los platos de pasta o de verduras.

NOTA: Si le añades unas hierbas secas te quedará un parmesano con mucho rollo.

Bechamel de arroz

Ingredientes:
- *500 ml de leche de soja sin edulcorar*
- *40 g de harina de arroz*
- *1 cucharadita de nuez moscada en polvo*
- *3 cucharadas de aceite de oliva*
- *Sal y pimienta al gusto*

Elaboración:
- Ponemos al fuego un cazo con el aceite.

- Echamos la harina y removemos bien con ayuda de unas varillas.

- Cuando la pasta que se forma tenga un aspecto homogéneo, incorporamos el líquido muy poco a poco sin dejar de remover para evitar que se hagan grumos.

- Le añadimos la sal, la pimienta y la nuez moscada.

- Cuando arranque a hervir, bajamos el fuego y seguimos cocinando, sin dejar de remover, durante unos 3-4 minutos.

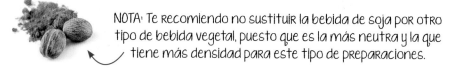

NOTA: Te recomiendo no sustituir la bebida de soja por otro tipo de bebida vegetal, puesto que es la más neutra y la que tiene más densidad para este tipo de preparaciones.

«Queso» cheddar para *dippear*

Ingredientes:

- *320 g de patata blanca*
- *100 g de zanahoria*
- *60 g de aceite de oliva*
- *100 ml de agua (sirve la de la cocción de las verduras)*
- *4 cucharadas de levadura nutricional*
- *Un chorrito de limón*
- *1/2 cucharadita de ajo en polvo*
- *1 cucharadita de cebolla en polvo*
- *1/2 cucharadita de sal*
- *1 pizca de pimienta*

Elaboración:

- Pelamos la patata y la zanahoria, las troceamos en dados grandes y las cocemos durante veinte minutos en agua hirviendo con sal.

- Echamos todos los ingredientes, excepto el aceite y el limón, en el procesador de alimentos o en el vaso de la batidora y batimos bien.

- Una vez que hayamos conseguido librarnos de los grumos, añadimos el aceite de oliva y el zumo de limón y volvemos a triturar.

- Servir con nachos o con palitos de pan.

- También podemos añadirla a la pasta para simular los típicos Mac&Cheese.

Salsa de *curry* fácil

Ingredientes:
- *1 cebolla*
- *3 ajos*
- *2 zanahorias*
- *2 cucharaditas de curry en polvo*
- *400 ml de leche de coco de lata*
- *2 cucharadas de aceite de oliva*
- *Sal y pimienta al gusto*

Elaboración:

• En una sartén con aceite de oliva pochamos la cebolla y los ajos, todo picado, a fuego medio.

• Añadimos las zanahorias picadas y seguimos pochando 5 minutos más.

• Incorporamos la leche de coco, la sal, la pimienta y el *curry* y dejamos que se cocine a fuego medio otros cinco minutos.

• Trituramos hasta conseguir una salsa fina.

NOTA: Esta salsa nos puede servir para añadir a un plato de tofu salteado con arroz basmati, a unos garbanzos salteados con verduras, a unas patatas asadas...

Sobrasada vegetal

Ingredientes:

- *100 g de tomates secos*
- *1 diente de ajo*
- *60 g de piñones crudos*
- *4 cucharadas de aceite de oliva*
- *1 cucharadita de pimentón de la Vera*
- *1 pizca de pimentón picante*
- *1 pizca de pimienta*
- *1/2 cucharadita de sal*

Elaboración:

• En primer lugar, hidratamos los tomates secos en agua caliente durante unos veinte minutos.

• Escurrimos los tomates y los ponemos, junto con los demás ingredientes, en el procesador de alimentos o en el vaso de la batidora, y batimos hasta que todo esté uniforme y hayamos conseguido la textura de la sobrasada.

• Si vemos que es necesario añadir un poco de agua para ayudar a batir, le echamos de la de haber rehidratado los tomates.

• Servimos untada en tostaditas o sobre *carpaccio* de verduras.

«Queso» Philadelphia a las finas hierbas

Ingredientes:

- *2 yogures de soja naturales (sin edulcorar)*
- *1 cucharadita de hierbas provenzales*
- *1 chorrito de limón*
- *Sal y pimienta al gusto*
- *1 trapo de algodón o un colador fino para hacer bebidas vegetales*

Elaboración:

- La noche anterior ponemos los dos yogures en el colador para que suelten todo el suero. Si no hace mucho calor, lo ideal es dejarlo fuera de la nevera.

- A la mañana siguiente, veremos que han soltado mucho suero y que los yogures han cogido la textura de queso cremoso.

- Pasamos el resultado a un bol pequeño y añadimos la sal, la pimienta, las hierbas provenzales y el chorrito de limón. Mezclamos bien y guardamos una hora en la nevera antes de servir.

- Al cabo de dos días, el «queso» está mucho más bueno.

NOTA: Unta unas rebanadas de pan tostado con este «queso» y añádeles unos tomatitos cherry troceados por encima.

Salsa de tomates asados

Ingredientes:
- 2 kg de tomates de rama
- 2 cebollas
- 1 zanahoria
- 3 ajos
- 1 cucharadita de sirope de agave
- 1 cucharadita de orégano
- Sal
- Pimienta negra
- Aceite de oliva

Elaboración:

- Lavamos bien las verduras.

- Abrimos por la mitad los tomates y los disponemos sobre la bandeja de horno.

- Troceamos las cebollas en gajos grandes y las añadimos a la bandeja.

- Añadimos también los ajos y la zanahoria troceada.

- Echamos por encima la sal, la pimienta, el orégano, el sirope de agave y el aceite de oliva e introducimos la bandeja en el horno.

- Horneamos durante 1 hora a 180 °C.

- Sacamos la bandeja y dejamos templar.

- Echamos todas las verduras en el procesador de alimentos o en el vaso de la batidora (en este caso habrá que triturarlas en varias veces porque no cogerán todas en el vaso) y trituramos hasta conseguir una salsa fina.

- La guardamos en botes de cristal hasta tres semanas en frigorífico o hasta tres meses en el congelador.

Compota de manzana
sin azúcar

Ingredientes:
- 5 manzanas (da igual del tipo que sean)
- 200 ml de agua
- 1 cucharadita de canela en polvo
- El zumo de un limón
- 8 dátiles de Túnez o 4 dátiles medjoul

Elaboración:

• Lavamos bien las manzanas y las cortamos en trozos grandes.

• Llevamos a ebullición un cazo donde habremos puesto las manzanas, el agua, el zumo de limón, la canela y los dátiles.

• Cocemos a fuego medio con la tapa puesta durante treinta minutos.

• Dejamos templar y trituramos hasta conseguir una crema homogénea.

• Guardamos en botes de cristal en la nevera hasta un mes.

Pasta de dátiles

Ingredientes:
- *1 taza de dátiles naturales*
- *1/2 taza de agua*

Elaboración:

- Remojamos los dátiles en agua caliente durante media hora.

- Los colamos y desechamos el agua del remojo.

- Ponemos los dátiles y la 1/2 taza de agua en el procesador de alimentos y trituramos hasta conseguir una pasta homogénea.

- Esta pasta nos sirve como endulzante natural sustituyendo así al azúcar o al agave. Es la mejor opción para endulzar nuestros postres o nuestro café.

NOTA: Cuanto más tarde introduzcamos el azúcar en los niños, mejor, así que esta pasta de dátiles es perfecta para endulzar, por ejemplo, las galletas caseras que preparemos para ellos.

Bebida de almendras

Ingredientes:
- *200 g de almendras crudas (con o sin piel)*
- *1 litro de agua embotellada*
- *4 dátiles*
- *Trapo de algodón para filtrar el líquido*

Elaboración:

• Un par de horas antes de hacer nuestra bebida, dejaremos las almendras en remojo.

• Colamos las almendras y las ponemos junto con el agua embotellada y los dátiles en el procesador de alimentos. Trituramos muy bien.

• Colamos el líquido resultante con el trapo de algodón hasta que no podamos exprimir más bebida.

• La pulpa de la almendra la podemos usar para hacer, por ejemplo, galletas.

• Pasamos la bebida a una botella y la guardamos en la nevera hasta dos días.

Crema de cacahuete

Ingredientes:
- *500 g de cacahuetes crudos (o tostados)*
- *Una pizca de sal*

Elaboración:

• Si los cacahuetes están crudos los tostaremos en el horno durante veinte minutos a 180 °C.

• Echamos los cacahuetes en el procesador de alimentos o en la picadora junto con la pizca de sal y trituramos bien. Dependiendo de la máquina que usemos habrá que ir dejándola descansar para que no se recaliente.

• Debemos conseguir una crema fina y fácil de untar.

• La guardamos en tarros de cristal fuera de nevera.

NOTA: Para que la crema quede bien líquida, debemos estar triturando los cacahuetes durante mínimo 5 minutos (3 a velocidad media y 2 a velocidad más alta).

Nata de coco

Ingredientes:
- *2 latas de leche de coco*
- *2 cucharadas de sirope de agave*

Elaboración:

- Guardamos las dos latas de leche de coco en la nevera durante al menos ocho horas para que así quede separada la «nata» del agua.

- Abrimos la primera lata y hacemos un agujero con ayuda de un cuchillo en la nata (que se habrá quedado arriba). Vaciamos el agua y echamos la nata resultante en un bol. Hacemos lo mismo con la segunda lata.

- Añadimos el sirope de agave y batimos con unas varillas hasta que todo esté bien mezclado.

- Reservamos en la nevera hasta el momento de usarla, por ejemplo, acompañando a unas ricas fresas.

- Se puede congelar.

Pudding de chía básico

Ingredientes:
- *150 ml de bebida vegetal*
- *2 cucharadas de semillas de chía*
- *1 cucharadita de sirope de agave*
- *1/4 cucharadita de canela en polvo*
- *Coco rallado y fruta fresca para el topping*

Elaboración:
- Ponemos en un tarro la bebida junto con las semillas de chía y el sirope.

- Removemos bien, cerramos el tarro y guardamos en la nevera al menos cuatro horas. Lo ideal es dejarlo toda la noche.

- A la mañana siguiente, volvemos a remover y la servimos con coco rallado por encima y con la fruta fresca que queramos.

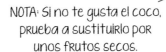

NOTA: Si no te gusta el coco, prueba a sustituirlo por unos frutos secos.

Porridge básico

Ingredientes:
- 1 taza de bebida vegetal
- 1/2 taza de copos de avena
- 1 manzana rallada
- 1/2 cucharadita de canela en polvo
- Fruta y frutos secos para el topping

Elaboración:

• Ponemos la bebida vegetal, la avena, la manzana rallada y la canela en un cazo.

• Lo ponemos a fuego medio y cocinamos unos cinco minutos hasta que espese.

• Colocamos el *porridge* en un bol y añadimos por encima fruta fresca y los frutos secos que más nos gusten.

NOTA: El *porridge* es ideal para tus desayunos, ya que te dará la energía suficiente para afrontar toda la mañana.